울음터 하나

울음터 하나

글쓴이 유양희

1판 1쇄 인쇄 2025. 9. 15.
1판 1쇄 발행 2025. 9. 25.

펴낸곳 예지 | **펴낸이** 김종욱
표지 · 편집 디자인 예온

등록번호 제 1-2893호 | **등록일자** 2001. 7. 23.
주소 경기도 고양시 일산동구 호수로 662
전화 031-900-8061(마케팅), 8060(편집) | **팩스** 031-900-8062

ⓒ 2025. Yu, Yang Hui
Published by Wisdom Publishing. Co.
Printed in Korea

ISBN 979-11-87895-54-1 03800

예지의 책은 오늘보다 나은 내일을 위한 선택입니다.

울음터 하나

유양희 두 번째 산문집

추천사 1

창작과 비평의 쌍검무를 익힌 작가

첫 수필집 『워싱턴 민들레』(2018)를 냈던 유양희柳良姬 작가가 만 7년 만에 지성의 칠면조처럼 면목을 쇄신한 모습으로 제2 산문집 『울음터 하나』를 낸다. 그 사이에 수필가 유양희는 평론가로 등단(2020), 두 분야에 걸쳐서 그칠 줄 모르는 지성적인 탐구의 레이더망을 360도로 회전시키며 경이로운 활동을 펼쳐왔다.

이 길지 않은 기간에 창작과 비평이라는 양수겸장兩手兼將의 쌍검무雙劍舞를 너끈하게 익힌 이 작가는 버지니아 울프, 시몬 드 보부아르, 나혜석, 한무숙, 한강으로 이어지는 평문을 통해 잘난 계층의 관점을 벗어나 보통 여성들의 정체성 찾기의 길잡이처럼 조곤조곤 들려준다. 뿐만 아니라 여러 수필가의 작품에 대한 너그러운 이해력과 분석과 판단력을 엿볼 수 있는 '월평' 활동을 통해서도 이미 유양희 작가는 한국과 워싱턴 전체에서 평론가로서 든든하게 자리매김하고 있음을 보여준다.

수필작가와 평론가로 거리낌 없이 활동하는 작가는 그리 흔하지 않은데, 유양희 작가는 이 산문집을 계기로 두 분야에 걸쳐 확고한 좌표도를 이뤘음을 입증해 준다.

― 임헌영 문학평론가

추천사 2

부지런히 배우는 창의력 있는 문인

　유양희 작가는 지성과 감성을 갖춘 문인으로 인정받고 있다. 2003년 『한국수필』로, 같은 해에 『순수문학』, 2020년에 『한국산문』으로 수필가, 시인, 평론가로 등단한 재능 있고 다양한 능력을 지닌 작가다. 수필가로 등단한 지 15년 만에 첫 수필집 『워싱턴 민들레』(2018)를 출간했고, 그 후 7년 만에 두 번째 산문집 『울음터 하나』(2025)를 발간한다.

　유 작가는 '젊어서 늦기 전에 부지런히 배우지 않으면 늙어서 후회한다'는 신념으로, '정신을 집중해서 노력하면 어떤 어려운 일이라도 성취할 수 있다'는 믿음으로 지난 37년간의 미국 이민 생활에 성공적으로 정착했다.

　금년 2025년이 창립 35주년인 워싱턴문인회에 2003년부터 참여하여 2010년부터 4년간 회장으로 봉사하며 문인회를 반석 위에 올려놓은 부지런하고 창의력 있는 문인이다. 매사에 성실하게 노력해서 성취하고, 주위를 배려하고 봉사하는 기쁨을 누리는 정직한 작가의 신간 발간을 축하한다.

－ 전효택 수필가, 『계간현대수필』 상임고문, 서울대학교 명예교수

작가의 말

　새들에게도 운명이 있을까? 내게 날개가 있다면, 37년 전 그 푸른 나이에 떠나온 조국으로 다시 돌아가고 싶다. 세월이 갈수록 떠난 곳에 대한 그리움이 사무치니 어쩌면 좋은가…. 글을 쓴다는 것은 자기를 새기는 행위라는데 나는 천형처럼 몸속에 새겨진 불치의 외로움, 그 막막했던 날들을 떨쳐버리기 위해 글을 쓴다.
　절반의 생은 한국에서 살았고 그 후의 삶은 낯선 나라에서 서로 다른 말을 하는 사람들과 살고 있다. 어떤 때는 두 나라에 다 속한 것 같다가 또 어떤 때는 어디에도 속하지 않는 경계인 같은 나의 정체성을 붙들기 위해 오늘도 나는 모국어를 쓴다.

　열심히 살았다. 미국 젊은이들이 대학 졸업 직후에 GS-5 직급으로 출발하는 공직생활을 나는 40대 후반에 도전했다. 무지한 노력 끝에 미연방정부 공무원이 되었고 진급할 자격요건을 갖추기 위해 퇴근 후엔 경영학을 공부했다. 오로지 노력하는 길 외에 다른 선택의 여지가 없었다. 미련할 정도로 성실히 근무했고 계약행정관 업무와 관련된 교육을 꾸준히 받아가면서 앞만 보고 살았다. 누구에게나 공정한 과정과 절차를 거쳐서 GS-13까지 승진했고

2023년 말에 은퇴했다. 미국인 동료들에게는 지극히 평범한 결과이겠으나 무시로 막연하기만 했던 내게는 최선을 다한 결과였고 노력한 만큼 보람찬 직장생활이었다.

문학이 있어서 살만한 세상이다. 문학은 시대와 싸우는 무기라는데 내게 문학은 나 자신과 싸우는 무기다. 아름다운 종소리를 더 멀리 퍼뜨리려면 종이 더 아파야 한다는데 내가 얼마나 더 아파야 나의 글이 더 깊어질 수 있을까. 살면서 겪었던 소소한 순간들을 가까운 이에게 이야기하듯 글을 썼고 슬픔도 살아가는 힘이 되었던 세월을 담담하게 기록했다.

2020년 『한국산문』을 통해 문학평론으로 등단했고, 그 후 2년간 격월제로 신작 수필에 대한 월평을 쓴 내용을 이 책에 포함했다. 37인의 수필가들이 쓴 글을 요약해서 핵심내용을 전달하고자 노력했고 최근에 다시 읽은 명작들에 관한 내용도 수록해서 읽을거리를 다양하게 했다.

이 책이 발간되기까지 도움을 주신 임헌영 교수님, 『한국산문』 평론반, 그리고 워싱턴문인회 수필문학회 문우들의 조언에 깊이 감사드린다.

2025년 가을, 버지니아 서재에서
유양희

차례

추천사 1: 임헌영
추천사 2: 전효택
작가의 말

1부 • 갇힌 시대의 선구적 여성해방문학

사르트르의 사랑법 • 15
　- 기상천외한 계약 결혼의 실천가
20년 만에 파탄 난 부부 • 23
　- 보부아르의 『위기의 여자』에 나타난 여자의 흔들림
갇힌 시대의 선구적 여성해방문학 • 31
　- 버지니아 울프의 『자기만의 방』을 중심으로
모파상의 작품세계와 그의 생애 • 46
　- 『비곗덩어리』
문학의 힘, 그 슬픔의 미학 • 52
　- 한강의 『작별하지 않는다』
조선 최초의 페미니스트 • 57
　- 운명의 덫에 희생된 나혜석
한무숙 작가에 대한 고찰 • 65
미주 수필문학의 현주소 • 74

2부 · 수필, 그 사유의 뜰
― 한국산문 월평 I

진솔한 문학 장르로서의 수필 • 87
작가의 내면세계 들여다보기 • 93
다양한 시각 • 99
수필, 그 사유의 뜰 • 105
관계를 승화시킨 글 • 111
자기 성찰의 문학 • 117

3부 · 자유로운 영혼을 위한 문학 장르
― 한국산문 월평 II

작가의 삶이 투영된 수필 • 125
휴머니즘의 회복을 위하여 • 131
자유로운 영혼을 위한 문학 장르 • 137
마음을 보여주는 거울 • 143
관계의 회한 • 149
존재의 확인 • 154

4부 • 고마운 사람들

청소부가 된 시인 • 161
사람을 사람으로 살게 하다 • 166
바다로 떠난 여자 • 173
비익조 • 178
고마운 사람들 • 182
생의 저편으로 흐르는 강 • 186
세연정 • 192
운현궁 그 사람 • 199
주미대한제국공사관 방문기 • 204
무엇이 사람을 살아가게 하는가 • 208

5부 • 울음터 하나

뜻밖의 신세계 • 217
멋진 세상 • 220
꿀벌 장례식 • 224
시인이 '시'에게 쓰는 편지 • 228
아기 공장 • 234
울타리 • 237
겉과 속 • 241
모국의 문화유산답사 여행기 • 244
울음터 하나 • 248
나의 문학 세계 • 253

1부

갇힌 시대의 선구적 여성해방문학

사르트르의 사랑법
– 기상천외한 계약 결혼의 실천가

> 보부아르는 죽어서도 앨그렌이 자신에게 준 반지를 끼고 사르트르 곁에 묻혔다. 이러한 사실에서 알 수 있는 것은 사르트르든 앨그렌이든 보부아르가 이상으로 삼은 목표는 그들과 맺은 정신과 육체의 의사소통이었다는 것이다.
>
> – 변광배, 『사르트르와 보부아르의 계약 결혼』, 살림, 2007, 49쪽

『사르트르와 보부아르의 계약 결혼』을 통해 본 그들의 계약 결혼에 대한 실체를 살펴보고자 한다. 프랑스의 대표적인 실존주의 철학자 장 폴 사르트르 Jean-Paul Sartre(1905~1980)와 페미니즘의 선구자 시몬 드 보부아르 Simone de Beauvoir(1908~1986)는 파리에서 태어났다. 그들은 주로 소르본 도서관과 국립도서관에서 공부하면서 서로 알게 되었고, 1929년에 까다롭기로 유명한 철학 교수 자격시험에서 각각 수석과 차석으로 합격한다.

이 자격시험 합격을 계기로 두 사람의 관계가 급격히 가까워진다. 사르트르는 곧바로 군대에 가야 했고 보부아르와 같이 지내고 싶었던 그는 입대하기 전에 보부아르에게 "우리 2년간 계약을 맺읍시다" 하고 제안했고 보부아르가 받아들여서 그들의 계약 결혼이 시작되었다.

사르트르는 보부아르를 "나의 작은 절대", "나보다 더 확실한 당신", 혹은 "당신이 곧 나예요", "아니, 당신은 나보다 나아요" 등의 표현을 자주 썼다. 그는 보부아르에게 "모든 것을 빚지고 있다"라고 했다. 또한, 보부아르를 "나보다 나를 더 잘 아는 사람", "나의 재판관", "나의 검열관", "인쇄를 허가하는 사람" 등으로 불렀다. 그는 "시몬 드 보부아르를 만났을 때 다른 사람과 맺을 수 있는 가장 훌륭한 인간관계를 맺었다는 느낌이 들었다. (…) 나는 남자로서 나에게 딱 맞는 여자를 발견한 것이다"라고 했다.

보부아르는 어떤 여성이었는가. 사르트르의 『어느 지도자의 유년 시절』에 대한 임헌영 교수의 강의에서 보부아르는 1923(15세)년 친구들의 스크랩 북에 '저명 작가가 되고 싶다'고 썼으며, '아버지의 남존여비 인식을 증오하면서 성장했다'고 언급한 바 있다. 어쩌면 이 시기부터 그 유명한 여성은 태어나는 것이 아니라 만들어진다고 한 페미니즘의 고전이 된『제2의 성』에 대한 작가적 자질이 형성된 게 아닐까. 그녀는 귀족 집안에서 엄격한 가정교육과 기독교 분위기에서 자랐다. 사르트르보다 훨씬 큰 키와 날씬한 몸매에 지성미를 겸비한 스물한 살, 그 푸른 나이의 보부아르가 160cm도 안 되는 작은 키에 오른쪽 눈이 사시인 사르트르와 어떻게 그토록 눈먼 사랑에 빠지게 되었을까.

그녀는 풍부한 지식을 갖춘 남자와 결혼하고 싶었다. 햇살이 가득 찬 방에 책상 두 개를 나란히 놓고 남편과 함께 앉아서 책을 읽고 쓰는 것이 보부아르가 꿈꾸는 이상이었다. 이러한 그녀가 사르트르의 뛰어난 실력과 지식에 강하게 끌렸고 무엇보다 대화가 잘 통했으며 글쓰기에 대한 공통적인 열정이 서로를 떼어놓을 수 없는 운명적인 관계를 맺게 된 동기가 되었다.

1929년 11월부터 시작한 사르트르와 보부아르의 계약 결혼은 당시 사람들은 물론 현대인들에게도 전무후무한 파격이 아닐 수 없다. 이들의 계약 결혼 조건은 세 가지로 요약된다. 서로 사랑하지만, 따로 살고 자식을 갖지 않는다. 다른 사람과 자유롭게 사랑하되 연인이 생겼을 때는 상대방에게 솔직하게 알린다. 경제적으로 서로 독립한다는 조건이었다. 나는 그 당시 여성의 처지에서 볼 때, 이 세 가지 계약 결혼 조건은 다분히 사르트르에게 훨씬 유리한 조건이라고 생각하면서 이 책을 읽어나갔다. 그런데 보부아르는 일반적인 여성과는 전혀 달랐다. 그녀는 여자로서 자식을 키우는 일과 가사에 큰 의미를 두지 않았고 자식에게 모든 정성을 쏟고 자식의 노예가 될 생각이 전혀 없었다. 결론적으로 이들은 결혼생활에서 서로에게 장애가 되는 요소를 아예 없애고, 혼자일 때보다 의지할 상대가 있는 상태에서 오히려 더 자유로운 혼자일 수 있는 결혼방식을 택한 것이라 하겠다.

애초에 2년을 계약 결혼 기간으로 정한 그들의 무엇이 50여 년 동안이나 이 관계를 가능하게 했을까. 1986년 어느 날 보부아르의 전기를 쓴 데어드르 베어Deirdre Bair와의 인터뷰에서 자신과 사르트르 사이의 열정이 그토록 오래 간 것은 글쓰기에 대한 열정 때문이었을 것이라고 말한다. 사르트르에게 문학은 그의 전부였고, 살아가는 까닭이자 구원의 수단이었다. 보부아르 또한 "나는 글을 쓰지 않고 사는 것은 의미가 없다고 생각해왔다"고 한다. 이처럼 사르트르의 세계는 곧 보부아르의 세계였다. 한 사람이 시작한 문장을 다른 사람이 끝맺을 수 있을 정도로, 문학에 대한 그들의 열정이야말로 그들의 관계를 이어준 가장 확실한 끈이었다. 그들은 각자의 작품을 써나가는 과정에서 항상 자신의 원고를 상대에게 읽어달라고 부탁했고 서로 치열하게 비판하기도 하고 격려하기도 했다.

사르트르의 애정행각은 어떠했는가. 그는 카사노바 뺨치는 바람둥이였다. 그가 만난 여자들은 열 손가락이 부족할 정도였다. 사르트르는 보부아르에게 자신은 많은 여자와 자고 싶다는 욕망을 솔직히 말했고, 여자를 새로 사귈 때마다 모든 걸 그녀에게 말해서 계약 조건인 '투명성'을 지켰다. 그는 심지어 보부아르의 제자이자 그녀의 동성 연인인 올가와도 관계를 맺었으며 올가의 동생인 완다와도 관계했다. 1945년 미국을 방문했을 때 만나게 된 돌로레스 바네티Dolores Vanetti와도 사랑에 푹 빠졌다. 그는 보부아르에게 모든 것을 말한다는 계약 조건을 처음으로 어기기도 한다. 이러한 사르트르의 무분별한 성관계 문제로 그들의 계약 결혼 관계가 걷잡을 수 없는 소용돌이에 휩싸이기도 했다. 보부아르는 질투에 휩싸여 싸우기도 했고 서로 다른 사람과 결혼을 약속해서 관계가 끝날 뻔한 위기를 겪기도 했다.

마치 맞바람을 피우듯 보부아르의 외도도 사르트르 못지않았다. 실존주의가 세계를 풍미하던 1947년, 세계적으로 명성이 높았던 사르트르와 보부아르는 미국으로 강연 여행을 떠난다.

이 여행에서 보부아르는 미국 소설가 넬슨 앨그렌을 보고 첫눈에 사랑에 빠진다. 한때 넬슨과 시카고에서 같이 살 수만 있다면, 그녀가 평소 중요하게 여겼던 모든 가치는 물론 사르트르와 한 계약 결혼도 포기하고 그에게로 달려가 평범한 주부로 살기를 간절히 원할 정도였다. 이들은 파국을 맞이한 1964년까지 수백 통의 편지를 주고받는다.『연애편지』는 보부아르가 넬슨에게 보낸 편지 304통을 묶어 놓은 책이다.

그 외에도 그녀와 열여덟 살이나 연하인 스물여섯 살의 영화감독 클로드 란즈만과도 관계를 맺었고, 서른한 살 때는 스물세 살의 청년 자크 로랑 보스트와도 연애했다. 더욱이 보부아르의 사후에 공개된 일기와 편지에 의해 그녀가 여러 제자와 동성애 관계를 맺었다는 사실도 알려졌다. 1930년대 말에서 1940년대 초, 철학교사를 했던 시기까지 러시아 출신 올가(당시 18세), 폴란드 출신 비앙카(당시 17세), 나탈리(당시 18세), 이 세 명의 제자들과 육체관계를 맺었고 나중에는 사르트르도 그들과 육체관계를 맺었다. 이후 나탈리의 어머니가 보부아르를 '미성년자 풍기 문란 선동'으로 정부에 고소했고, 보부아르는 교사 자격을 박탈당한다. 이 뉴스가 보도되자 보부아르가 자기보다 훨씬 어린 제자들과 불평등한 권력 관계 속에서 성관계를 맺었다는 비난이 쏟아졌다. 이처럼 그들에게는 각자 연인이 많았고, 다른 사람과 연애를 하면서 서로의 삶에 대해 일절 관여하지 않았으며, 사람들이 그들의 삶을 아무리 비난해도 전혀 신경 쓰지 않았다.

나는 프랑스의 성 문화에 대해서는 아는 바가 없다. 그러나 보편적인 인간의 윤리관으로는 도저히 이해 불가한 패륜적인 행위로밖에 생각할 수 없다. 이처럼 해괴한 두 사람의 문란한 애정행각과 '프랑스의 대표적인 실존주의 철학자'와 '페미니즘의 선구자'라는 그들의 명성에 대해 어떻게 해석해야 할지 가히 충격적이다. 천재적인 사람들은 사랑도 현실적인 모든 것을 초월한 그들만의 사랑법을 추구하는 것일까.

아무튼, 사르트르와 보부아르는 각자 어떤 외도를 했든 반드시 서로에게 돌아왔다. 서로가 없는 삶은 생각조차 할 수 없었기 때문이다. 사르트르는 지구상에 어떤 여자도 보부아르만 못하다고 생각했고, 보부아르 또한 세상 어디에도 사르트르만 한 남자가 없다고 생각했다. 그들이 죽을 때까지 서로의 곁을 지킬 수 있었던 것은, 두 사람의 마음이 이토록 가장 잘 통하는 상대였으며, 육체적 사랑만이 아니라 정신적으로도 서로를 아끼는 플라토닉 사랑이 있었기에 가능했을 것이다. 멀리 떨어져 있어도 그들은 편지로 사상과 지적 교류를 이어나갔다. 진실한 대화와 마음의 소통을 통해 그들의 사랑이 이어질 수 있었다.

1980년 사르트르가 죽었을 때, 보부아르가 가장 힘들었던 점은 사르트르를 볼 수 없는 것보다 그와 다시는 대화를 나눌 수 없는 것이라고 했다. 죽어서도 함께하길 바랐던 사르트르와 보부아르, 몽파르나스에 그들의 공동무덤이 있다. (2025년 4월)

20년 만에 파탄 난 부부
– 보부아르의 『위기의 여자』에 나타난 여자의 흔들림

시몬 드 보부아르Simone de Beauvoir(1908~1986)는 소설 『위기의 여자』(1967)에서 "결혼 생활 20년이 지난 부부는 서로 말을 않고 지내 버리는 일들이 많은 법이다. 그것은 위험하다"라고 경고했다. 부부의 삼각관계를 소재로 한 이 소설은 남편과 아내, 남편의 애인 사이의 갈등을 아내의 관점에서 매우 사실적으로 묘사한다.

다소 진부한 소재일 수 있겠으나 인류에게 결혼 생활이 지속되는 한 시대를 불문하고 이 주제는 여성들의 의식을 지배하는 화두가 될 것이다.

연도 표시 없이 9월 13일부터 3월 24일까지 일기체 형식으로 쓴 내용이며 '모니크'라는 중년여성의 결혼 생활에 닥친 위기를 심도 있게 다뤘다.

그녀는 자타가 인정하는 현모양처로 남편의 사랑을 단 한 번도 의심하지 않고 살아온 여성이다. 그런데 어느 날 남편인 모리스로부터 애인이 생겼다는 청천벽력 같은 고백을 듣고 생의 목적을 잃어버린 채 방황하는 과정을 생생하게 표현한다.

사람이 돌에 부딪히면 우선은 충격을 받고 고통은 그 뒤에 오는 법이다. 1주일이 지나고 난 지금에서야 나는 고통을 느끼기 시작하고 있다. 어제까지만 해도 나는 정확히 말하면 그저 놀라움에 망연자실했다. 나는 갖가지 이유를 붙여 가며 그 아픔을 물리쳐 왔다. 그런데 그 아픔이 오늘 아침에는 내 마음 바닥까지 내려 덮고 있는 것이다. (…) 남편의 옷장을 열어 보았다. 그의 잠옷, 와이셔츠, 팬티, 속옷가지를 바라보다가 나는 울고 말았다. 다른 여자가 저 보드라운 비단과 포근한 스웨터의 감촉을 느끼며 그의 뺨을 애무할 수 있다는 것이 내게는 견딜 수가 없었다.

남편의 사랑을 한결같이 믿고 살아 온 모니크, 아내와 애인 사이에서 번민하면서도 이럴 수도 저럴 수도 없는 남편 모리스, 그와 사랑에 빠진 변호사 노엘리, 그의 외도로 20여 년간 행복했던 결혼 생활이 속수무책으로 무너져갔다. 그녀는 남편에게 둘 중 하나를 택하게 해서 그 여자와 손을 떼도록 했어야 옳았다. 한동안은 아내를 원망하겠지만 시간이 지난 후에는 그녀에게 감사했을 것이다. 알면서도 선뜻 어쩌지 못한 채 남편에게 거듭해서 양보만 해온 그녀는 어디까지 추락하게 될 것인가.

여자는 안다, 함께 잔다는 것은 그저 잠을 잔다는 것만은 아니라는 것을.

> 남편은 차에 올라 엔진에 시동을 걸었다. 나는 남편 바로 옆의 내 자리를 바라보았다. 이제 곧 노엘리가 앉을 내 자리. 남편이 차를 빼자 차는 이내 달리기 시작했다. 나는 심장이 빠져나가는 것 같았다. (…) 노엘리가 빈혈증이 있는 딸을 모리스에게 진찰 받게 하려고 데려왔을 때, 그가 노엘리에게 저녁 데이트를 신청했고 그것을 여자가 승낙해서 두 사람은 그날 밤 같이 자게 되었다는 것이었다.

남편의 사랑을 한 번도 의심하지 않고 살아 온 모니크. 그녀에게 있어서 결혼 생활이 무너진다는 것은 자신의 삶 자체가 무너지는 것과도 같았으리라. 어느 날 갑자기 당한 일이라 모니크는 혹시 자신이 작은 흙더미를 산처럼 크게 생각하고 있는 건 아닌지, 아니면 큰 산을 작은 흙더미로 생각하고 있는 건지 도무지 알 수 없는 상태가 된다.

어쩌면 모든 여자가 자기는 다른 여자와는 다르다고 착각하면서 사는 건 아닐까. 자기에게만은 그런 일이 일어나지 않을 거라고 믿기 때문에 함께 살 수 있는 것일 거다. 그러나 모니크를 보라. 그녀는 남편만으로 만족했고, 그를 위해서만 살아왔다. 그런데 남편은 일시적 기분으로 아내를 배반하지 않았는가. 진실은 하나도 모르면서 남편을 의심만 해야 한다는 건 그녀로서는 견딜 수 없는 일이었을 것이다.

"자, 어느 쪽이 더 중요하죠? 그 여자예요? 나예요?" "물론 당신이지" 하고 그는 담담한 말투로 대답했다. 그러더니 한마디 덧붙였다. "그렇지만 노엘리도 내겐 중요하오." (…) "그렇다면 그 여자한테로 가세요. 이 집에서 나가요. 당장 나가요! 어서 짐 챙겨 가지고 나가란 말이에요." 나는 옷장에서 남편의 여행용 가방을 꺼내어 그의 속옷 따위를 아무렇게나 꾸겨 넣었다. 옷걸이에 걸린 옷도 몇 가지 챙겨 넣었다. 남편은 내 팔을 붙잡고 그만해 두라고 말렸지만 나는 계속 짐을 챙겼다. 나는 남편이 나가 주기를 바랐다. 정말로 그래 주기를 바랐다. 나는 진정으로 그렇게 생각했던 것이다. 진정으로 그렇게 바랄 수 있었던 것은 그가 나가리라고는 생각하지 않았기 때문이다.

그녀는 모리스가 마치 자신의 피부에 밀착되어 있는 존재처럼 느끼면서 살았다. 콜레트와 뤼시엔이 딸들인 것과 마찬가지로 그는 자기 남편이며 그것은 변할 수 없는 사실이었다.

그런데 지금까지 있었던 인생이 완전히 무너진 것이다. 지진 때 지표면 자체가 삼켜져 버리듯이 도망치는 대로 등 뒤의 땅이 무너져 내리는 격이었다.

모니크는 아버지처럼 의업에 종사하고 싶었던 자신의 사회적 진출을 스스로 포기하고 모리스가 스물세 살 때 그를 사랑했다. 그는 모니크가 실습을 하고 있는 병원에 인턴으로 통근하는 조수였고 그녀는 첫눈에 그에게 마음이 끌렸다. 그들은 누가 먼저랄 것도 없이 서로 열렬히 사랑했다.

22년 동안 그에게 그토록 헌신적으로 살아왔건만 그의 외도로 인한 충격으로 자신도 남편도 어떤 사람인지를 알 수 없게 되어버렸다.

> 남편이 노엘리의 집에서 자는 날 밤에는 나는 잠이 안 올까 봐 두렵기도 하지만, 또 잠이 올까 봐도 걱정이 된다. 내 옆의 텅 빈 침대, 그 차고 반듯한 시트 – 수면제를 마셔도 나는 꿈을 꾼다. (…) 왜 하필이면 노엘리였을까? 만약에 그녀가 적어도 굉장한 미인이고 젊고 또 뛰어나게 머리가 좋은 여자라면 이해가 가겠지만. 그렇다면 나는 괴롭긴 하더라도 납득은 할 수 있을 것이다. 하지만 그녀는 서른여덟 살에, 함께 있으면 기분이 유쾌해지

는 여자일는지 몰라도 그 이상은 아닌데다가 매우 천박한 여자이다. 그런데 왜?

그녀는 8년 동안 비밀을 지켜온 남편의 침묵에 더욱 놀랐다. 그가 아내를 생각해서 진실을 털어놓았을까, 아니면 자신이 편안하기 위해서였을까?

함께 살아온 지난날들을 돌이켜봤다. 그들은 서로 용접된 것처럼 결합하여 있는 사이였다. 그런데 그사이에 금이 간 것이다. 인생이 공허하고 모든 것이 텅 빈 것 같다. 사물도, 시간도, 그리고 자기 자신까지도. 언어란 아무것도 말할 수 없다는 걸 깨닫는 순간이다.

그녀의 나이 마흔네 살, 죽기에는 아직 너무 이르다.

두 개의 문을 바라본다. 모리스의 서재와 우리들의 침실 문을. 문은 닫혀져 있다. (…) 내가 움직이지 않으면 그 문은 열리지 않을 것이다. (…) 그러나 나는 알고 있다. 내가 움직이라는 것을. 그러면 문은 천천히 열릴 것이며, 나는 그 문 뒤에 있는 것을 보게 될 것이다. 그것은 미래이다. 미래의 문이 열리려 하고 있다. 서서히, 가차 없이. 나는 지금 문지방에 서 있다. (…) 나는 두렵다. 그러나 누구에게도 구원을 청할 수는 없다. 나는 두렵다.

50여 년 전, 보부아르가 60의 나이에 쓴 『위기의 여자』를 통해 말하고자 한 주제는 '나는 누군가에 의해서가 아닌 바로 나 자신이 주체가 되어 살아야 한다. 그 누구도 내가 될 수 없으며 내 삶을 책임져줄 수 없으므로 자기 앞의 생을 변화시키려면 여성 스스로가 변해야 한다'는 의식을 일깨워주고자 하는 데 있다.

그녀는 소르본 대학에서 철학을 전공했다. 대표적인 저서로는 『초대받은 여자(L'Invitée)』(1943), "여자는 태어나는 것이 아니라 만들어지는 것이다"고 주장해서 현대 여성주의적 실존주의의 초석이 된 『제2의 성(Le Deuxième Sexe)』(1949), 프랑스의 가장 권위 있는 문학상인 공쿠르상을 수상한 『레 망다랭Les Mandarins』(1954) 등 다수의 작품이 있다.

1929년 보부아르는 최연소로 철학 교수자격시험(agrégation)을 통과했다. 장 폴 사르트르가 1등을 했고 그녀는 2등을 했다.

사르트르가 그녀에게 계약결혼을 제의했다. 1929년부터 시작한 이 결혼은 우선 2년간 살아본 후 재계약한다는 데 합의했다. 이들은 서로를 지적으로 완성해주는 완벽한 결합체였다. 보부아르가 여성해방을 부르짖을 때 사르트르가 힘을 보탰고 사르트르가 프랑스의 알제리 저항운동 탄압에 반대했을 때 보부아르도 함께 협력했다.

그녀는 숱한 명작들을 남겼음에도 불구하고 만년에 집필한 자서전에서 "내 인생에서 가장 성공적인 성과는 계약결혼에 바탕을 둔 사르트르와의 관계였다"고 했다. 그가 죽을 때까지 계약결혼은 51년간 지속됐고 두 사람은 몽파르나스 묘지에 나란히 묻혔다.

2006년 7월 파리시 당국은 센강에 37번째 다리를 세웠는데 보부아르의 이름을 따 '시몬 드 보부아르교'라고 이름 붙였다. 다리는 미테랑도서관과 베르시공원을 잇는다. 전자는 학문의 전당이고 후자는 로맨틱한 공간이다. 지성과 감성을 겸비한 그녀의 이미지와 절묘하게 어울리는 다리 이름이라 하겠다.

보부아르가 『위기의 여자』를 출간한 지 반세기의 세월이 흘렀다. 거의 모든 분야에서 남녀가 평등한 요즘 세상에 그녀가 아직 살아있다면, 이젠 『위기의 남자』라는 제목으로 글을 써야 할 시대라고 생각한다. (2021년)

갇힌 시대의 선구적 여성해방문학
– 버지니아 울프의 『자기만의 방』을 중심으로

1. 들어가는 말

버지니아 울프Virginia Woolf(1882~1941)는 1922년 7월 26일 일기에서 "나는 나이 사십이 되어 이제 무엇인가에 대해 나만의 목소리로 말할 수 있는 방법을 찾아냈음을 확신한다"[1]고 썼다. 『자기만의 방(A Room of One's Own)』은 1928년 케임브리지 대학의 두 여자 대학[2]에서 '여성과 픽션'이라는 주제로 했던 강연문을 보완해서 1929년에 출판한 에세이로 영국 여성해방문학의 효시로 거론된다.

영국에서 첫 여성주의 선언으로 평가받고 있는 메리 울스턴크래프트[3]의 『여성의 권리 옹호(A Vindication of the Rights

---

1. 김희정, 『버지니아 울프-살아남은 여성 예술가의 초상』, 살림, 2015, 18쪽.
2. 케임브리지 대학의 뉴넘(Newnum) 칼리지와 거튼(Gutton) 칼리지.

of Woman)』(1792)와 같은 페미니즘Feminism[4]적인 저서와, 여성의 위상에 대해 분석한 존 스튜어트 밀[5]의 『여성의 예속(The Subjection of Women)』(1869)을 통해 비롯되었다. 이들은 여성의 선거권과 피선거권, 결혼과 자녀 양육권 등에 관한 법적 평등, 교육과 직업에 관한 기회의 균등을 주장했다.

19세기 후반부터 20세기 초까지 본격적으로 진행된 페미니즘은 남녀평등권을 획득하기 위해 정치·사회적인 권리에 초점을 맞췄는데, 울프의 『자기만의 방』은 문학적인 여성해방의 기상나팔이었다.

이 글은 이 작품을 통해 여성해방 운동이 어떤 상황에서 비롯되었는지를 살펴보는 데 초점을 맞췄다.

2. 페미니스트의 생애

울프는 당대의 저명한 문필가인 레슬리 스티븐의 딸로 태어났다. 부모 양쪽 다 재혼이었고 빅토리아시대[6]의 전형적인 가

---

3. Mary Wollstonecraft(1759-1797). 작가, 철학자, 여성의 권리 옹호자로 장편소설, 논문, 여행기, 프랑스 혁명사, 동화 등 폭넓은 분야에 걸쳐 활동했다. 시인 셸리(Percy Vichy Shelly)의 장모였다.
4. 라틴어의 Femina(여성의 특질을 지닌 것)에서 유래. 여성이 사회제도 및 관념에 의해 억압되고 있음을 밝혀내는 사회적·정치적 운동과 이론들을 포괄하는 용어이다.
5. John Stuart Mill(1806-1873). 사회학자, 철학자이자 정치경제학자로서, 논리학, 윤리학, 정치학, 사회평론 등에 걸쳐서 방대한 저술을 남겼다.

부장적 가정이었으나 아버지가 딸에게 자신의 서재의 방대한 책들을 자유롭게 볼 수 있게 해서 엄청난 양의 독서를 할 수 있었다. 그러나 그는 아들들에게는 교육비를 아낌없이 투자하면서도 딸들에게는 아무런 도움을 주지 않았고 오로지 현모양처가 되기만을 바랐다. 의붓오빠들은 그녀를 어린 시절부터 성적으로 괴롭혔고, 무방비 상태의 울프는 스스로를 "어항 속에서 고래와 함께 지내는 피라미 신세"[7]라고 했지만 울프는 그 누구에게도 도움을 청할 수 없었다. 남성 가해자는 보호받고 여성 피해자는 도리어 비난받을 뿐이었다. 그런 가운데 열세 살 때 어머니가 사망했고 그 충격으로 정신질환을 크게 앓았으며, 스물두 살 때 아버지마저 사망하자 병세가 더욱 악화되었다.

1905년, 네 명의 친형제자매는 런던의 블룸즈베리로 이사해서 새로운 삶을 시작했다. 오빠인 토비를 중심으로 케임브리지의 청년들이 그 집에 모여서 만든 '블룸즈베리 그룹'[8]이라는 단체에 가입하여 활동했다. 매주 목요일, 이들과의 토론에서는 어

---

6. J. 멀간/D. M. 데이빈 공저, 장왕록 옮김, 『영문학사』, 삼성, 1981, 143-144쪽. 대영제국의 영광과 확장의 시대이면서 회의와 고뇌의 시대였다. 광범한 공업의 발전과 함께 1832년 선거법 개정안, 영국 해외영지에서의 노예폐지(1833) 등에 나타난 것과 같은 동요와 혁신의 물결이 일어났고, 종교적인 논쟁으로 어수선했다.

7. 각주 1)과 같은 책, 27쪽. 울프가 여섯 살 무렵부터 의붓오빠들이 그녀의 몸을 자세히 들여다보고 더듬는 성추행을 계속했다. 그녀가 당한 이 성추행은 평생 동안 지울 수 없는 수치심과 남성에 대한 혐오감으로 성에 대해 거부감을 갖게 되었다.

떤 주제에 대해서도 거침없이 의견을 교환했다.

성에 대한 모든 억압에서 자유롭고자 했던 그들 사이에선 동성애도 문제가 되지 않았다. 실제로 울프는 사춘기 때부터 자신보다 나이 많은 여성들에게 끌리곤 했다. 40대에는 귀족 가문의 작가 비타 색크빌 웨스트[9]와의 동성애에 깊이 빠졌었고, 50대에는 여성 음악가인 에델 스미스[10]와의 관계가 깊어지면서 울프는 우정과 애정에서 큰 힘을 얻었다.

1912년, 30세가 되도록 결혼을 거부했던 그녀는 블룸즈베리 그룹 회원인 레너드 울프[11]의 8년에 걸친 구애 끝에 그와 결혼

---

8. Bloomsbury Group. 1907~30년에 활동한 이 그룹에는 소설가 포스터(E. M. Forster), 전기 작가 리턴 스트레이치(Lytton Strachey), 미술 평론가 클라이브 벨(Clive Bell), 화가 바넷사 벨(Vanessa Bell)과 던컨 그랜트(Duncan Grant), 경제학자 존 메이너드 케인스(John Maynard Keynes), 작가 레너드 울프(Leonard Woolf) 등이 참여했다.

9. Vita Sackville-West(1892-1962). 작가, 외교관 부인으로 부부가 다 양성애자로 자유롭게 지낸 것으로 유명하다. 1920년대 말에 울프와 만나 서로에게 영감을 주었고 동성애에 빠졌으나 1935년에 절교 후 다시 친구로 남아 죽을 때까지 우정을 지속했다. 오해와 애정, 존경과 열정이 뒤섞인 두 사람의 관계는 버지니아 울프의 소설 『올랜도(Orlando)』(1928)에 영감을 주었다. 울프는 이 작품이 '비타'에 관한 '전기'라고 했고 비타의 아들 나이젤 니콜슨(Nigel Nicolson)은 그녀가 어머니에게 바친 "문학에서 가장 길고 가장 멋진 연애편지"라고 했다. 그는 울프에 대한 짧은 평전을 출간하기도 했다.

10. Ethel Smith(1858-1944). 19세기 클래식 음악계에서 가장 성공한 여성 작곡가. 여권 운동을 하다 감옥까지 간 여성 참정권 운동가로서 여성이 작곡가가 되기 어려웠던 19세기 후반 자신의 길을 개척한 인물이다. 19살 때 딸이 음악을 공부하는 것에는 반대했던 부모의 허락 없이 라이프치히 음악원에 입학했으나 학교 커리큘럼에 실망하고 자퇴했다. 당시 상류층의 젊은 여성이 동행 없이 외출하는 것이 어려웠기 때문에 그는 노인 분장을 하고 콘서트를 보러 다녔다고 한다. 오페라, 관현악, 실내악, 합창, 발레, 성악, 피아노곡, 오르간곡 등 다양한 장르의 작품을 썼다. 버지니아 울프 등 그녀와 친분을 나눈 사람들에 관한 내용이 포함된 10권의 회상록을 집필했다.

했다. 어릴 때 두 의붓오빠들로부터 겪은 성적 추행이 직접적인 원인이 된 그녀의 남성 혐오증으로 인해 부부생활을 요구하지 않기로 한 특이한 결혼생활이었다. 오빠 친구였던 레너드와의 결혼은 그녀의 생에 획기적인 전기를 맞게 해준 새로운 계기가 되었다. 그는 아내가 집필에만 전념할 수 있도록 배려했고 출판사를 직접 차려서 그녀의 소설들을 계속 출판해 줬다. 그녀는 점차 명성을 얻었으나 정신질환이 더욱 심각해져서 서식스 주 로드멜 근처 별장으로 이사해서 전원생활을 했지만 호전되지 않았다.

울프는 1904년 스물두 살 때 처음으로 『타임스』 문학 부록에 익명의 서평을 실으면서 저널리스트로 데뷔했고, 그때부터 작가의 길로 들어섰다. 그녀는 여성의 글쓰기에 장애물로 작용하는 두 가지 요소를 거론했다. 첫 번째는 여성 작가의 내면에 도사리고 있는 '집안의 천사'[12]이며, 두 번째는 여성으로서 신체가 느끼는 욕망을 그대로 드러낼 수 없는 억압을 지적했다.

---

11. Leonard Woolf(1880-1969). 유태계 변호사 아들, 케임브리지대학 졸업, 공무원, 작가, 편집인. 그는 공직을 포기한 채 평생동안 아내의 건강과 집필활동을 위한 뒷바라지에 전념했으며 사후에도 울프와 똑같이 화장되어 같은 장소에 뿌려졌다.

12. 현모양처의 이데올로기를 통해 만들어진 여성의 모습으로 빅토리아 시대의 이상적 여성의 자아를 뜻한다. 이 자아를 거부하는 것이 당시 여성해방의 주제였다. 울프는 자유롭고 창조적이며, 비판적인 글을 쓰기 위해서 '집안의 천사'상을 떨쳐내야 한다고 강력하게 주장했다.

그녀는 9편의 소설과 여러 단편들, 5권으로 편집된 일기와 6권의 서간집 그리고 현재까지 편집 작업이 진행 중인 6권 분량의 에세이 등 많은 저작을 남겼다.

3. 갇힌 시대의 여성적 삶

『자기만의 방』이 왜 페미니즘의 교과서로 불리는가. 이는 가부장제 사회가 여성을 열등한 존재로 치부하여 남성이 누리는 모든 제도적인 권리에서 여성은 제외시킨 것에 대한 반기를 들고 여성의 권리와 정체성 확립을 위해 부단히 노력해야 한다는 데 중점을 뒀기 때문이다. 울프는 중상류 계층의 딸이었음에도 여성에게는 사회적 경제적 계급보다 '여자라는 계급'이 주는 억압이 더 컸던 부조리한 삶을 살아야 했다. 여자들은 재산을 소유할 수 없었고, 하루의 대부분을 집안에서만 지내야 했으며 상업이나, 여행, 일, 교육 같은 세상의 일상적 활동에 참여하지도 못했다.

> "아내에 대한 구타는 남성의 공인된 권리였고, 상층민이나 하층민이나 할 것 없이 수치심을 느끼지 않고 자행했다." (…) 그 역사가는 계속해서 말했습니다. "부모가 선택한 남자와 결혼하기를 거부하는 딸을 방에 가두고 구타하며 내동댕이친다 해도 여론에 전혀 충격적인 일이 아니었다. 결혼은 개인적인 애정의 문

제가 아니었고 가족의 탐욕이 결부된 문제였으며, 특히 '기사도를 중시하는' 상류층에서 그러했다. (…) 약혼은 종종 당사자들 중 하나 또는 둘 다 요람에 누워 있는 나이에 성사되었으며 유모의 보살핌을 받는 나이가 채 지나기도 전에 결혼이 이루어졌다."[13]

울프가 '여성과 픽션'에 대한 강의를 준비하는 과정에서 트리벨리언 교수[14]가 쓴 『영국사』 중 '여성의 지위'라는 항목에서 발췌한 내용이다. 픽션에서는 여자가 왕과 정복자들의 삶을 지배하지만 역사에서는 전혀 존재하지 않았으며 실제로는 그녀의 손가락에 강제로 반지를 끼워준 어느 부모의 아들에 딸린 노예였다.

셰익스피어에게 놀랄 만한 재능을 가진 누이, 이를테면 주디스라 불리는 누이가 있었다면 어떤 일이 일어났을까를 상상해 보도록 하지요. 셰익스피어 자신은 문법학교에 다녔음이 거의 확실합니다. (…) 그녀도 셰익스피어만큼이나 모험심이 강하고 상상력이 풍부하며 세계를 알고 싶은 열망에 가득 차 있었습니다.

---

13. 버지니아 울프, 이미애 옮김, 『자기만의 방』, 민음사, 2016, 69쪽.
14. George Macaulay Trevelyan(1876-1962). 역사학자로 영국 사상사에서 휘그당의 전통을 높이 평가했으며 영국 국체에 깃들어 있는 앵글로색슨적 요소에 깊은 관심을 가졌다.

그러나 그녀는 학교에 다니지 못했지요. 그녀에게는 호라티우스[15]와 베르길리우스[16]를 읽을 기회는커녕 문법이나 논리학을 접할 기회조차 없었습니다.[17]

셰익스피어(1564~1616) 시대의 여성이 셰익스피어와 같은 활동을 한다는 것은 상상할 수도 없는 일이었다. 설령 셰익스피어와 같이 재능이 있는 누이가 있어서 때때로 책을 읽기라도 했다면 그녀의 부모는 책이나 붙들고 있지 말고 양말을 꿰매거나 음식을 만드는 일에 신경을 쓰라고 강제했을 것이다.

16세기에 태어난 위대한 재능을 가진 여성은 틀림없이 미치거나 총으로 자살하거나 또는 마을 변두리의 외딴 오두막에서 절반은 마녀, 절반은 요술쟁이로 공포와 조롱의 대상이 되어 일생을 끝마쳤을 거라는 것입니다. 왜냐하면 시적 재능을 발휘해 보려고 시도한 천부적 재능을 지닌 여성은 다른 사람들에 의해 방해받고 저지되었으며 자기 내면에서 상충하는 충돌들로 고통받고 갈가리 찢겨서 틀림없이 건강과 온전한 정신을 잃었을 거

---

15. Quintus Horatius Flaccus(기원전 65-기원전 8). 고대 로마 공화정 말기의 시인, 철학자.
16. Publius Vergilius Maro(기원전 70-기원전 19). 로마의 건국 서사시 『아이네이스』의 저자. 유럽의 시성으로 추앙받아 단테가 저승의 안내자로 그를 선정했다.
17. 『자기만의 방』, 75~76쪽.

라고, 심리학에 대한 지식이 거의 없어도 확신할 수 있기 때문입니다.[18]

그 당시의 런던에서 여성이 자유로운 삶을 산다는 것은 극도의 정신적 압박과 딜레마를 의미했고 그 때문에 그녀는 당연히 죽을 수밖에 없었을 것이다.

4. 여성해방 의식의 각성

19세기 말까지도 여성은 도서관이나 성당을 홀로 이용할 수 없을 정도로 폐쇄적인 사회였고, 투표권, 재산권, 교육의 부재, 가난, 출산, 육아, 가사 때문에 지적 활동의 기회도 원천적으로 봉쇄되었다. 울프는 이와 같은 여성에 대한 사회적 차별과 남성 중심의 가부장적 가치관을 날카롭게 지적하고 여성의 권리를 적극적으로 주장했다.

> 여성은 남성들이 느끼는 것을 똑같이 느끼며, 자신들의 남자 형제들처럼 자신의 능력을 훈련하기를 바라고, 자신의 노력을 기울일 활동 영역을 요구한다. (…) 만일 여성이 관습적으로 자신들에게 필요하다고 여기는 이상을 배우려고 하거나 더 많은 일

---

18. 위의 책, 79쪽.

을 하려고 해도 그들을 나무라거나 비웃는 것은 분별없는 일이다.[19]

여성에게 주어진 사회적인 제약과 여성들보다 많은 특권을 누리는 남성들에 의한 여성의 활동 영역의 제한에 대한 이의 제기를 엿볼 수 있는 내용이다.

> 아직까지도 대학에서 평가를 받아 본 여성이 거의 없습니다. 육군, 해군, 무역, 정치, 외교 등 전문직의 위대한 시련은 여성을 시험해 본 적이 거의 없지요. 지금 이 순간에도 여성은 거의 분류되지 않은 상태입니다.[20]

울프는 자신의 글을 통해 이와 같이 여성의 능력이나 무한한 가능성에 대한 긍정성을 피력했다. 그런가 하면 여성이 남성처럼 살고 남성처럼 보인다면 유감천만한 일이라고도 했다.

> 여성은 그저 이백 년 동안이 아니라 역사가 시작된 이래로 언제나 가난했습니다. 여성은 아테네 노예의 아들보다도 지적 자유가 없었습니다. 그러니 여성에게는 시를 쓸 수 있는 일말의 기회

---

19. 『자기만의 방』, 106쪽.
20. 위의 책, 128쪽.

도 없었던 거지요. 이러한 이유로 나는 돈과 자기만의 방을 그토록 강조한 것입니다.[21]

샬롯 브론테Charlotte Bronte(1816~1855)와 에밀리 브론테 Emily Bronte(1818~1848)의 경우, 너무 가난해서 『제인 에어Jane Eyre』(1847)와 『폭풍의 언덕(Wuthering Heights)』(1847)을 쓸 종이를 한 번에 몇 묶음 이상 살 수 없었던 상태에서 썼다. 여성들이 경제적으로 얼마나 열악한 상태였는지를 짐작해볼 수 있다. 그런가 하면 당시에는 여성이 책을 발간하는 것이 불가능했기 때문에 브론테 자매들은 처음에는 남성 가명을 사용했다.

내 마음속을 샅샅이 뒤져 보아도, 나는 남성의 동료라든가 남성과 대등한 사람이 되고자 하는 고귀한 감정을 찾을 수 없고 더 높은 목적을 위해 세상에 영향을 끼치려는 생각도 없습니다. 나는 그저 다른 무엇이 아닌 자기 자신이 되는 것이 훨씬 중요한 일이라고 간단하게 그리고 평범하게 중얼거릴 뿐입니다. (…) 오로지 사물을 그 자체로 생각하십시오.[22]

---

21. 위의 책, 157쪽.
22. 위의 책, 161쪽.

여기서 사물을 있는 그대로 파악하는 일은 그 대상의 다양한 측면을 이해하고 그것의 양면성까지도 바라볼 수 있는 편견 없는 시각을 필요로 한다.

총 6장으로 구성된 이 작품 중 1장에 그녀는 이렇게 썼다.

> 여성이 픽션을 쓰기 위해서는 돈과 자기만의 방이 있어야 한다는 의견을 제시하는 것입니다. (…) 내가 어떻게 방과 돈에 대한 이러한 견해를 가지게 되었는지 최선을 다해 보여 주겠습니다. (…) 아마도 돈과 방에 관한 나의 이 진술의 이면에 숨어 있는 생각이나 편견을 여러분 앞에 드러내게 되면, 그 가운데 어떤 것은 여성이라는 주제와 또 어떤 것은 픽션이라는 주제와 맞닿아 있음을 여러분은 알게 될 것입니다.[23]

재능이 있고, 혼자만의 공간에서 프라이버시를 가질 수 있고, 약간의 돈이 있다면 여성도 글을 쓸 수 있을 것이라는 주장이다. 19세기 초까지만 해도 영국에서 여성이 자기만의 방을 갖는 것은 그녀의 부모가 보기 드문 부자거나 대단한 귀족이 아니면 전혀 불가능한 일이었다. 여기서 자기만의 방은 단순히 물

---

23. 『자기만의 방』, 18-19쪽.

리적인 공간만을 의미하는 것이 아니며 여성의 경제적, 정신적 독립의 필요성을 상징적으로 표현한 것이다.『자기만의 방』이야말로 '여성 해방의 방'으로 일컬을 수 있는 여권 신장을 위한 여성운동의 원동력이 되었다고 본다.

> 온 우주를 의문시하는 듯 잔디밭 한가운데 멈춰 서 있는 그 맨섬 고양이[24]를 바라보았을 때, 확실히 무엇인가 결핍된 듯한 느낌이 들었으며 무엇인가 달라 보였습니다. 그렇지만 무엇이 결핍되어 있으며 무엇이 다른가 하고 나는 대화를 들으면서 스스로에게 물었지요.[25]

울프는 꼬리가 있고 없는 것과 같은 단순한 차이가 대단한 차이, 즉 차별을 의미해서는 안 될 것이라는 점을 암시하고 있다. 그녀는 차이의 긍정성을 인정하면서 남성과 다른 여성의 가치를 주지시켰다.

> 나는 여러분에게 상기시켜 드릴 것입니다. 1866년 이래 영국에는 여성을 위한 대학이 적어도 두 곳 존재해 왔으며, 1880년 이후에는 기혼 여성이 자신의 재산을 소유하도록 법적으로 허용

---

24. 맹크스(Manx). 길들여진 꼬리 없는 고양이 품종. 영국 맨 섬에서 왔다는 전설이 있다.
25. 위의 책, 28쪽.

되었고, 1919년에 여성은 투표권을 얻게 되었다는 사실을 말입니다.[26]

끊임없는 도전으로 영국의 여성들도 교육을 받을 기회가 제공되었고, 재산을 소유할 수 있는 권한도 법적으로 허용되었으며, 남성에게만 주어졌던 투표권도 행사할 수 있게 되었다. 당시의 강력한 지배 이데올로기의 틈바구니에서 누구도 강요하지 않았지만 스스로의 희생을 감내하며 역사를 바꾸어나갔던 수천, 수백만 명의 여성들의 투쟁 덕분에 여성의 권리가 이나마 개선됐다고 울프는 말한다.

5. 결론

1941년 3월 28일 이른 아침에 그녀는 산책하러 나간 후 돌아오지 않았다. 남편과 언니에게 유서를 남기고 그녀는 60의 나이에 우즈Ouse강에 투신자살했다. 유서에는 자신의 광기가 더욱 악화되는 것에 대한 두려움과 남편 레너드에게 더 이상의 짐이 되고 싶지 않다는 내용을 밝혔다. 스티븐 일가의 유전이었던 조울증의 가족력과 성장 과정에서 겪었던 심리적 상처와 좌절,

---

26. 『자기만의 방』, 163쪽.

그리고 여러 갈등 요인들로 인해 극도의 신경과민과 우울 상태에 빠져들었다. 이러한 자신의 광기를 극복할 수 없는 두려움과 절망감 때문에 스스로 목숨을 끊었다. 그녀는 우즈강 가에 모자와 지팡이를 남긴 채 외투 주머니에 돌덩이를 가득 넣고 강물로 들어간 것이다.

요란한 웅변을 토하지 않는 울프의 페미니즘이 오랜 시간이 흐른 지금에도 더욱 그 가치를 인정받는 것은 그것이 단순히 투쟁으로서의 여성 운동 차원을 넘어, 가부장제가 강요한 여성과 남성의 이분법에 근본적인 이의를 제기함으로써 남성과 여성 모두의 해방을 꿈꾸었기 때문이다. 그녀는 인간의 양성적 마음[27]을 주장했고 궁극적으로 인간이 서로 소통하며 서로에 대해 관심과 애정을 가질 수 있는 세계를 지향했다. 울프야말로 여성해방을 위해 끊임없이 노력한 희생자였고 초기 페미니즘 문학의 선구자였다. (한국산문, 2020년 1월호)

---

27) 양성적 마음이란 남성성과 여성성이 융합된 통합적인 마음으로 모든 기능을 발휘할 수 있는 창조적인 마음을 뜻한다. 이는 타인의 마음에 열려 있고, 공명하며 아무런 방해도 받지 않고 감정을 전달할 수 있는 분열되지 않은 마음을 의미한다.

모파상의 작품세계와 그의 생애
–『비곗덩어리』

눈이 몹시 내리는 추운 겨울밤, 열 명의 손님을 태운 커다란 마차 한 대가 프로이센군을 피해 프랑스령으로 가고 있었다. 돈 많은 포도주 도매상 부부, 큰 공장을 가지고 있는 지방 유지 부부, 부동산이 엄청나게 많다는 백작 부부, 두 수녀, 민주 투사라는 남자, 그리고 뚱뚱해서 '비곗덩어리'로 불리는 매춘부 엘리자베스 루세, 이렇게 열 명이었다.

마차가 눈 쌓인 길을 가는 시간이 예상보다 훨씬 오래 걸려서 그들은 배가 고팠다. 그런데 먹을 것을 가져온 사람은 비곗덩어리밖에 없었기에 멸시와 조롱을 보이던 마차 안의 사람들이 먹을 것을 얻기 위해 그녀에게 아첨해댔다. 그런데 가다가 또 문제가 발생했다. 이 여행객 일행이 도중에 프로이센군에게 억류된 것이다. 몸이 단 일행은 비곗덩어리를 애국심이란 명목으로 설득시켜 적군 장교에게 몸을 허락하게 해 통과 허가를 얻어낸다. 이렇게 해서 다시 출발하게 된 마차 안에서 수치와 분노로 흐느끼는 그녀에게 아무도 눈길을 주지 않았다. 비곗덩어리는 행세만 번듯한 이 파렴치한들에게 자신이 철저히 멸시당하고 있음을 느꼈다. 그들은 자신을 희생물로 이용한 후에는 더럽혀져서 쓸모없어진 물건처럼 멀찍이 내쳐 버린 것이다.

이 소설은 1870~1871년 프랑스-프로이센 전쟁이라는 역사적 배경을 통해 인간이 극단적인 상황에 부닥쳤을 때 드러나는 이기주의를 보여주는 모파상의 데뷔작이다. 그는 간결한 문장과 주관을 섞지 않은 객관적인 묘사로 당시 문단의 주목을 집중시켜 일약 대작가 반열에 오른다. 모파상은 이 글을 통해 부자와 귀족의 이기심과 허위를 생생한 문체로 묘사하고 있다. 비곗덩어리로 불리는 매춘부를 비웃고 모욕하면서도 자신들의 안전을 위해 그녀를 적들의 노리개로 내모는 상류계급과 종교인 등의 이기적인 도덕성을 객관적인 입장에서 생생한 묘사를 통해 고발하고 있다.

기 드 모파상Guy de Maupassant(1850~1893)은 프랑스 서북부 노르망디의 미로메스닐성城에서 꽤 번영하던 가문의 장남으로 태어났다. 귀족 신분인 아버지 귀스타브 드 모파상과 노르망디 토착의 부유한 부르주아인 어머니는 그가 열두 살 때 이혼했다.

어머니는 그와 동생과 함께 살았으며 두 아들에게 가장 영향력을 지닌 인물로 살았다.

어머니와 어머니의 오빠가 플로베르와 절친한 친구여서 그는 소년 시절부터 플로베르를 자주 만날 수 있었다. 어머니는 늘 손에서 책을 놓지 않고 셰익스피어 같은 고전문학을 탐독했으며 그가 중학생일 때부터 플로베르의 정식 문하생이 되어 지도를 받게 했다. 그의 재능을 알아본 플로베르는 그를 에밀 졸라, 위스망스, 알퐁스 도데 등 당대의 쟁쟁한 문학인들에게 소개했다.

그는 1869년(19세)부터 파리에서 법률 공부를 시작했으나 이듬해 발발한 프랑스-프로이센 전쟁에 학업을 중단하고 참여했다. 군 생활을 직접 체험한 그는 철저한 전쟁 혐오자가 된다. 그 후 문학에 더 집중하게 된다. 1880년(30세), 에밀 졸라가 모파상을 포함한 6명의 젊은 작가들의 프로이센-프랑스 전쟁 취재 단편집 『메당 야화夜話』를 간행하였는데, 모파상은 여기에 그의 출세작 「비곗덩어리(Boule de Suif)」를 싣는다.

스승 플로베르로부터도 '영원히 지속될 걸작'이라고 극찬을 받는다. 톨스토이조차 "그는 다른 사람들이 보지 못하는 방식으로 사물을 보는 재능이 있다. 그는 말하고자 하는 것을 단순하게 명쾌하게, 그리고 아름답게 표현할 수 있는 문체를 갖고 있다"고 이 작품에 찬사를 보냈다. 1883년(33세)에는 그가 6년에 걸쳐 쓴 첫 장편소설 『여자의 일생』을 발표했다. 이 소설은 1년도 채 되지 않아 세계인들로부터 가장 사랑받는 고전문학 작품으로 평가받는 화제작이 되었다. 1884년(34세)에는 걸작 『목걸이』를 발표했다. 그는 엄청난 다작으로 매년 2권 이상, 많을 때는 4권의 장편소설과 단편집까지 쏟아냈다.

그는 "재능은 긴 인내이다. 우리가 표현하고자 하는 것이 무엇이든 간에 오랫동안 주의 깊게 생각하여 그 가운데서 일찍이 아무도 보지 못한 점, 아무도 표현하지 못한 점을 발견하지 않으면 안 된다. 어떠한 것이든지 아직도 탐색 되지 않은 면이 있는 법이다"라고 창작 태도에 대한 그의 이론을 피력했다.

모파상 작품의 특징은 아무리 짧아도 작중 인물의 인품과 정경을 생생하게 떠오르게 하는 힘이 있다. 이미지가 마치 방금 보고 온 것같이 선명하게 우리 눈에 떠오르게 한다. "말하고 싶은 것이 무엇이든 간에 그것을 표현하는 데는 말이 하나밖에 없다. 그것을 움직이는 데는 하나의 동사밖에 없고 그 성질을 나타내는 데는 하나의 형용사밖에 없다. 마침내 그 낱말, 그 동사, 그 형용사를 발견할 때까지 찾아야 한다"고 한 스승 플로베르에게서 작품의 문체에 관해서도 배운 바가 많았다.

모파상은 평생 독신으로 지냈다. 그에게는 항상 연인이 많았고 그중 한 사람인 조세핀 리첼만Joséphine Litzelmann과의 사이에 2남 1녀가 있었다. 자녀가 있는데도 왜 그는 결혼하지 않았을까. 어쩌면 회복할 수 없는 질병 때문이었는지도 모른다. 안타깝게도 그는 20대 후반부터 신경질환으로 극심한 자각증상을 겪었다. 매독이 원인이었고 당시 자유분방한 성생활을 즐겼던 유럽의 일류 문화예술인들이 걸린 유행병이었다. 그들 대부분은 이 병으로 인한 고통으로 몸부림치다가 요절했다. 베토벤, 슈베르트, 슈만, 파가니니, 스메타나, 니체, 보들레르, 오스카 와일드, 제임스 조이스, 마네, 고흐, 고갱 등이 모두 그 병으로 죽었다. 이토록 유명한 예술가들에게 여성들은 그들에게 어떤 역할을 했을까. 단순히 성적인 대상이었을까? 어쩌면 그들에게 잠재해 있는 각 분야의 예술적인 창작 의욕을 불러일으키는 원동력이 되었을지도 모른다.

모파상은 이 심각한 고통에 시달리면서도 10년간 단편소설 약 300편, 기행문 3권, 시집 1권, 희곡과 위에 언급한 장편소설 말고도 『죽음처럼 강하다』(1889), 『우리들의 마음』(1890) 등 대작을 탈고했다. 그는 점점 악화하는 병세의 고통을 못 이겨 권

총 자살을 시도했다가 미수에 그치자 페이퍼 나이프로 자신의 목을 찔렀다가 발견되어 병원에 실려 갔다. 그 후 정신병원에 수용되어 심한 발작과 의식불명을 거듭하다 이듬해인 1893년 7월 6일 43세를 한 달 남겨두고 사망했다. 흔히 모파상을 현대 단편소설의 아버지라고 부르며, 체홉과 함께 세계 문학에서 가장 위대한 단편소설의 거장으로 꼽힌다.

   모파상의 생애와 작품과의 상관관계를 생각한다. 그의 성장 과정과 훌륭한 스승과의 만남, 그가 직접 체험한 시대적 상황, 타고난 재능과 그 재능을 발휘하고자 하는 끊임없는 노력 등을 통해 그가 위대한 작가가 될 수 있었다고 생각한다.

(2025년 1월)

문학의 힘, 그 슬픔의 미학
– 한강의 『작별하지 않는다』

애써 노력하는 모든 일이 낱낱이 실패한다 해도 의미만은 남을 것을 목숨처럼 믿고, 온 힘을 다해 썼을 한강의 침착한 글의 힘이 읽는 이의 가슴에 전류처럼 흐르는 소설이다. 무엇보다도 해마다 번역한 노벨문학상 수상작을 읽어야 했는데 우리나라 작가가 노벨문학상을 타게 되니 수상작 원문을 한글로 읽는 특별한 기쁨을 누렸다.

소설 『작별하지 않는다』는 작가가 2014년 6월에 첫 두 페이지를 썼고 2018년 말부터 이어 쓰기 시작해서 2021년 가을에 완성했으니, 칠 년이라는 세월을 거쳐 삼 년 동안 쓴 제주 4·3 사건에 관한 내용이다. 1947년 3월 1일을 기점으로 이듬해 4월 3일 발생한 소요 사태 및 1954년 9월 21일까지 제주도에서 발생한 무력 충돌과 그 진압과정에서 주민들이 억울하게 희생당한 사건을 다룬 소설이다.

76년 동안 한날한시에 제사를 지내며 속울음 울어 왔을 제주도민들의 한을 되새기며 가슴을 쓸어내렸다.

> 천 명도 넘는 사람들로 선착장이 가득 찼고 (…) 여자가 아니메, 아니메 하고 울부짖었습니다. 숨이 끊어진 젖먹이를 젖은 부두에 놓고 가라고 경찰이 명령한 겁니다. 그렇게 못한다고 여자가 몸부림을 치는데, 경찰 둘이 강보째 빼앗아 바닥에 내려놓고 여자를 앞으로 끌고 가 호송차에 실었어요. 이상한 일입니다. 내가 그 말 못 할 고문당한 것보다… 억울한 징역 산 것보다 그 여자 목소리가 가끔 생각납니다. 그때 줄 맞춰 걷던 천 명 넘는 사람들이 모두 그 강보를 돌아보던 것도.
> – 한강, 『작별하지 않는다』, 문학동네, 2024, 266쪽

그때 당시의 광경을 상상하게 하는 글이다. 속수무책으로 겪을 수밖에 없었을 그 상황을 겪어보지 않은 자가 무슨 말을 할 수 있겠는가.

3부로 쓴 이 소설은 쉽게 읽히지 않았다. 1부에서는 새, 폭설, 나무 등을 소재로 한 은유적이고 시적인 표현에 매료된다. 예를 들면, "젖은 실밥처럼 앞 유리에 달라붙는 눈송이들은 잿빛 하늘과 아스팔트 사이의 허공을 촘촘히 꿰매는 무수한 흰 실들처

럼 보였다"든가 "찰랑이는 촛물을 심지로 빨아들이며 타오르는 불꽃을 나는 보았다 (…) 너울대는 불꽃 안쪽에서 파르스름한 심부가 흔들리고 있었다. 맥이 뛰는 씨앗 같았다"와 같은 환상적인 문장에 경도되어 읽다 보면 읽은 만큼 모호해져서 다시 읽어 보기도 하고 간간이 쉬어 가면서 읽어야 했다.

어쩌면 여느 소설처럼 아무렇지 않게 쓸 수 없는 내용이어서 그렇게 추상적이고 몽환적인 분위기를 서술한 것일까. 2~3부에서는 '작별하지 않는다, 그림자들, 바람, 정적, 바다 아래, 불꽃' 등을 소제목으로 썼고, 비로소 제주 4·3사건에 관한 내용이 구체적으로 언급된다. 아직 이 책을 읽지 않은 이는 2부를 먼저 읽고 다시 1부부터 끝까지 읽어 보기를 권한다. 궁금해서 조사한 자료에 의하면, 4·3 사건으로 인한 총희생자 수는 추정 사망자 60,000~80,000명, 확인 사망자 10,715명, 3,171명이 실종되었고 일가족 전체가 몰살당하거나 학살 도중 육지로 도피해 살아남았어도 트라우마로 인해 신고조차 하지 못한 경우도 허다하다.

이 비극적인 사건과 그로 인한 상처가 치유되지 않은 채 살아가고 있는 작중 인물들을 통해 작가가 우리에게 말하고자 하는 뜻을 헤아려본다. 책 제목을 주어가 없이 그냥 『작별하지 않는다』라고 쓴 까닭은 무엇일까. 누가 누구를 무엇 때문에 작별하지 못하는가.

4·3 사건으로 인해 부모·형제와 이웃을 잃은 채 돌이킬 수 없는 상실감 속에 살아가는 제주도민들을 생각하게 한다. 죽은 자들이 산 자들에게 유언처럼 전하고자 하는 교훈을 되새겨본다. "폭력은 육체의 절멸을 기도하지만, 기억은 육체 없이 영원하다. 죽은 이를 살려낼 수는 없지만 죽음을 계속 살아 있게 할 수는 있다. 작별하지 않겠다는 것이다"라고 신형철 평론가는 언급했다.

> 커다란 플라스틱 바구니에 부위별로 추려진 뼈들이 산더미처럼 쌓인 사진들을 넘겨 간다. 수천 개의 정강이뼈, 수천 개의 해골, 수만 개의 늑골 더미, 수백 개의 목도장들, 혁대 버클들, 중中 자가 새겨진 교복 단추들, 길이와 굵기가 다른 은비녀들, 유리알 속에 날개가 들어 있는 것 같은 구슬치기용 구슬들의 사진이 사백여 페이지에 걸쳐 흩어져 있다.
>
> ─ 『작별하지 않는다』 285쪽

작가는 이 글을 쓰기 위해 열다섯 권 이상의 참고자료를 섭렵했다. 이 책의 맨 뒤 페이지에 목록이 적혀 있으므로 관심 있는 이는 더 자세히 이 사건을 알아볼 수 있다.

'내가 세상을 알게 되었으니 그것은 책에 의해서였다'라고 한 사르트르의 말을 실감하면서 새삼 글의 힘을 느끼게 한 책이다.

한강은 1970년 전라남도 광주시 중흥동에서 소설가 한승원의 딸로 태어났다. 연세대학교 국어국문학과 졸업 후 샘터사에서 근무했고 1993년 시인으로, 1994년 소설가로 등단했다. 서울예술대학 문예창작과 전임교수로 약 10년간 재직했다.

대표작으로 『채식주의자』 『소년이 온다』 『작별하지 않는다』 『흰』 『희랍어 시간』 『서랍에 저녁을 넣어 두었다』 『여수의 사랑』 등 수십 편이 있다.

이상문학상 대상, 황순원문학상, 영국 맨부커 국제상, 이탈리아 말라파르테 문학상, 프랑스 메디시스 외국문학상, 삼성호암예술상 등 20여 부문의 상을 받았다.

2024년 대한민국 작가로는 최초로 노벨문학상을 수상해서 아시아 국적 작가로는 12년 만의 수상자이자 아시아인 여성으로는 첫 노벨문학상 수상자가 되었다.

문학의 힘, 그 슬픔의 미학으로 완성된 『작별하지 않는다』가 작가의 말 마지막 문장처럼 이 책이 '지극한 사랑에 대한 소설'로 읽히기를 나 또한 빈다. (2025년 1월)

조선 최초의 페미니스트
- 운명의 덫에 희생된 나혜석

내 몸이 불꽃으로 타올라 한 줌 재가 될지언정 언젠가 먼-훗날 나의 피와 외침이 이 땅에 뿌려져 우리 후손 여성들은 좀 더 인간다운 삶을 살면서 내 이름을 기억할 것이라.

나혜석(1896~1948)의 글이다. 1934년 8월 『삼천리』에 「이혼고백장」이라는 파격적인 제목으로 쓴 이 글은 당시의 남존여비 사상에 맞서 한국의 여권 운동사에 길이 남을 획기적인 문장이다.

그녀의 일생은 호칭마다 '최초'라는 수식어가 따라다녔다. 최초의 여성 동경 유학생, 최초의 여류 서양화가, 최초의 여성 근대소설가, 시인, 최초의 여성주의자, 최초로 서양화 전시회를 개최한 화가, 최초의 세계 일주 여행자, 그리고 사후에는 최초로 문화 인물로 지정된 근대 여성 예술가였다. 한 사람의 생애에 이토록 다양한 분야에서 '최초'라는 업적을 남긴 인물은 드문 일이다.

부친이 군수를 지낸 수원의 부유한 명문가에서 태어났고 일본으로 유학 간 최초의 조선 여성 중 한 사람이었다. 유학 시절에 일본의 페미니스트였던 히라쓰카 라이초의 '여성 해방론'에 큰 영향을 받았으며 여성 운동가, 사회운동가로 활동했다. 열아홉 살 때 『학지광學之光』 1914년 12월호에 「이상적 부인」이라는 제목으로 다음과 같은 글을 발표했다.

> 현모양처賢母良妻는 여자를 노예로 만들려고 부덕婦德을 장려한 것이다. 세상에 왜 양부현부良夫賢父는 없는가?

그녀가 이와 같은 글을 쓴 데는 아버지 나기정의 영향도 있다. 그는 여러 명의 첩을 두었고 어머니는 첩들 때문에 한 많은 생을 살았다. 성장 과정을 통해 이와 같은 축첩제도와 가부장적 제도에 대한 불만과 남녀 불평등에 대한 의식이 그녀에게 싹텄을 것이다. 한편 자유연애와 혼전 동거를 장려해서 당시에는 온갖 사회적 비난과 조롱을 받았으나 이는 한국의 여성 해방사에 지대한 영향을 미쳤다. "다행히 우리 조선 여자 중에 누구라도 가치 있는 욕을 먹는 자 있다 하면 우리는 안심이오"라고 했던 그녀의 삶 자체가 페미니스트의 삶이었다.

나혜석은 일찍이 『경희』(1918)라고 하는 한국 최초의 페미니즘 소설을 쓴 작가다. 그녀는 이 책에서 "경희도 사람이다. 그 다음에는 여자다. 그러면 여자라는 것보다 먼저 사람이다. 또 조선 사회의 여자보다 먼저 우주 안 전 인류의 여성이다"라고 강조했다.

그녀는 여성이 말을 하고 글을 쓸 때 세상은 달라진다고 믿었고 생애 마지막까지 글을 썼다. 이 소설은 영국 여성해방문학의 효시로 일컬어지고 있는 버지니아 울프Virginia Woolf(1882~1941)의 에세이 『자기만의 방A room of One's Own』(1929)보다 11년이나 앞선 글이다. 또한, 프랑스의 페미니즘을 성립시키는 데 지대한 영향력을 미쳤던 시몬 드 보부아르Simone de Beauvoir(1908~1986)의 소설 『위기의 여자』(1967)에 비하면 반세기를 앞서 발표한 한국 최초의 페미니스트 글이다.

유부남이었던 첫사랑이 병으로 죽자 나혜석은 외교관이자 법조인 김우영과 1920년에 결혼했다. 사별한 전처 사이에 딸 하나를 둔 남자였다. 그녀는 그와의 결혼 조건으로 평생 지금처럼 사랑해 줄 것과 그림 그리는 것을 방해 말고, 시어머니와 전실 딸과는 별거하게 해줄 것, 그리고 첫사랑이었던 최승구의 묘지에 비석을 세워 달라고 요청했다. 김우영은 나혜석의 이 모든 요구를 들어줬다. 요즘 세상에서도 절대 쉽지 않은 결혼 조건을 이미 백 년 전에 내세운 나혜석도 대단하지만, 그 모든 조건을 받아준 김우영이야말로 대단한 남자다. 한 남자가 한 여자를 진정으로 사랑한다면 이 정도는 돼야 하는 것 아닌가 하는 생각을 잠시 했다.

그런가 하면 일본 유학 시절부터 나혜석과 함께 자유 연애론과 신여성운동을 주도했고, 훗날 불교에 귀의한 김일엽이 쓴 「최초의 여류화가 나혜석」에 의하면, 그녀는 결혼 초야에 남편에게 다음과 같은 제의를 했고 김우영은 이를 허락했다고 한다.

> 남녀는 같은 인권을 가졌으며, 정적情的으로 다르지 않은 바에야 여자에게만 정조를 지키라는 것은 여권을 너무 무시한 동양 도덕이요, 윤리요, 법률이니 우리는 그런 인습에 얽매이지 말고, 좀 자유 분위기에서 살아야겠소. 당신에게도 성적으로 별미를 구하게 될 때가 있을 것이오. 같은 정적 동물인 낸들 그럴 때가 없으리란 보증은 나 스스로도 할 수 없는 것이 아니오. 그러니 서로 알려지지 않을 정도로 자유롭게 살아가는 것이 어때요?

그들은 1927년 6월 세계 일주 여행을 하게 되는데, 조선일보 6월 21일 자에 실릴 정도로 당시에는 보기 드문 화제의 여행이었다.

나혜석의 『조선 여성 첫 세계 일주기』는 우리나라 여성이 남긴 최초의 세계 일주기다. 그녀는 평소에 사람은 어떻게 살아야 잘 사는 것이며, 남녀 간에는 어떻게 살아야 평화스럽게 살 수 있는지, 여자의 지위는 어떠한 것이고, 그림의 요점은 무엇인가에 대해 생각해왔던 바를 여행을 통해서 답을 찾고자 했다. 여행은 유럽, 미주를 횡단하는 1년 8개월에 걸친 세계 일주였다. 그녀가 거쳐 간 나라만 해도 소련, 프랑스, 네덜란드, 독일, 스페인, 이탈리아, 스위스, 미국 등 12개국 20여 개 도시가 넘는다.

프랑스 체류 기간에는 한 가정에서 3개월간 함께 생활하기도 했다. 그 가정을 통해 부부간의 동등한 삶, 아들딸 차별 없는 역할 분담 등을 보면서 그녀가 늘 꿈꿨던 이상적인 가정의 행복을 실제로 체험하는 계기가 되었다.

그런가 하면 영국에서 여성 참정권 운동가를 만났을 때는, 자신이 조선 여권 운동의 시조가 될지도 모른다면서 여성 인권 운동에 썼던 띠를 달라고 해서 챙기기도 했다. 훗날 나혜석이 조선에 돌아와 행했던 파격적인 행보는, 파리에서의 삶에 대한 동경이 그녀에게 그와 같은 변화를 이끌고자 하는 선각자로 사는 삶을 살게 했다고 생각한다. 그녀의 여행을 통한 경험이 한국의 남성 중심적 사회에서 여성의 인간다운 삶을 위해 싸울 수 있었던 힘의 원천이 되었을 것이다.

앞서 언급한 「이혼 고백장」은 파리에서 만난 남편의 친구인 최린과의 불륜으로 이혼을 하게 된 시기에 발표한 글이다. 이 글에서 그녀는 "조선 남성 심사는 이상하외다. 자기는 정조 관념이 없으면서 처에게나 일반여성에겐 정조를 요구하고 또 남의 정조를 빼앗으려 합니다"라고 반박해서 여자들에게만 '정조'를 요구하는 조선 시대 남자들을 향해 맞섰다. 이 글을 발표했을 때, 당시의 남성 중심 사회에 길들여진 남녀 모두가 그녀를 격렬하게 비난했다. 이에 대해 그녀는 결혼할 권리가 있듯이 이혼할 권리도 있으며 이혼이 죄악이 아니라고 주장했다.
자녀들에게는 다음과 같이 자신을 시대의 희생자라고 했다.

> 사 남매 아이들아. 에미를 원망치 말고 사회제도와 도덕과 법률과 인습을 원망하라. 네 에미는 과도기에 선각자로 그 운명의 줄에 희생된 자이었더니라.

나혜석이 운명의 줄에 희생된 자였는지, 운명을 거역한 자였는지는 독자의 판단에 맡길 일이다. 이혼 후 그녀는 "어디로 갈까. 집도 없고 부모도 없고 자식도 없고 친구도 없는 이 홀로 된 몸, 어디로 갈까, 어디로 갈까" 하고 막막한 광야에 홀로 서 있는 심정을 토로했다. 전 남편이 아이들을 못 만나게 해서 그녀는 죽을 때까지 자녀들을 만나지 못했다.

나혜석의 아들 김진의 자전적 소설 『그땐 그 길이 왜 그리 좁았던고』에서 그는 다음과 같이 회고했다.

> 고백하건대 나는 나의 생모가 나혜석이라는 사실을 드러내지 않고 살아왔다. 어머니 나혜석에게도 만약이라는 가정을 붙여보면 크게 아쉽다. 화가로서, 문사로서 빼어난 재능을 가진 그가 그렇게 힘든 삶을 살다 갔다는 것은 당대의 큰 손실일 것이다. 그의 예술적 역량이 맘껏 발휘될 수 있었다면 작금의 사람들에게도 기뻤을 일 아니겠는가.

그녀는 1948년 12월 10일 서울시립 자제원慈濟院 무연고자 병동에서 행려병자로 사망했다. 그녀의 무덤이 어디에 있는지도 밝혀진 바 없다. 생전에 그녀는 사람과 돈과 세상, 이 세 가지가 무섭다고 했다. 당시의 세상이, 전 남편이, 최린이 그녀를 버렸을지라도 경제적 여유가 있었더라면 그토록 비참한 생을 마치지는 않았을 것을….

　나혜석이 요즘 세상에 태어났더라면 행복할까? 한국 여성들의 현실을 그녀의 시선으로 재조명해본다. 이제는 교육의 기회, 다양한 직업 선택, 경제적 소유권, 합법적인 지위 향상 등 사회 전반에 걸쳐 어느 정도 남녀가 대등한 기회를 누리고 있으나 아직도 요원하다. 특히 성 문제에 관한 한 남성 가해자와 여성 피해자로 이분화된 전근대적인 세상을 살고 있다. 바라건대, 21세기에는 우리 한국 여성들도 남성들과 동등한 인격체로서 법과 제도의 개선을 통해 진정한 양성평등兩性平等의 차별 없는 세상에서 살 수 있기를 간절히 바란다. (2021년 6월)

한무숙 작가에 대한 고찰

노을이 흐르는 저녁 하늘을 볼 때라든가 구름 그림자가 지나는 들을 생각할 때 유연히 솟아나는 슬픔이 퍼져가는 것을 어찌할 수 없다. 아름다운 노을에도 지나는 구름 그림자에도 언젠가는 소멸될 것의 투영을 보기 때문이다.

한무숙(1918~1993)의 『우리 사이 모든 것이』(1971)에서 발췌한 글의 일부다. 1970년 아들을 잃은 어머니의 가슴으로 사물을 바라보는 시선은 허무 그 자체였다. 그러나 이 소설의 끝부분에서는 아들은 가고 없어도 함께 했던 추억이 충만하니 존재 자체가 사라진 것이 아니라고 발상을 전환한다.

치열한 작가정신

전통적 생활 방식에 얽매여 시집살이하던 1948년, 한무숙은 2남 2녀의 어린 자녀들과 임신 와중에도 밤에 홀로 일어나 벽에 종이를 대고 글을 썼다. 분단의 한탄강 주변 이야기를 소재로 쓴 원고지 1,700매의 글을 『국제신보』에 응모한 결과 당선된 작품이 바로 『역사는 흐른다』이다. 원제목은 『삼대』였으나 염상섭의 대표작인 『삼대』와 같은 제목이어서 후에 『역사는 흐른다』로 바꿨다.

한무숙이 작가로 데뷔한 것은 장편 『등불 드는 여인』이 『신시대』 잡지의 현상 모집에 당선된 1942년이다. 1949년에는 『역사는 흐른다』 장편 소설을 현 한국일보의 전신인 태양일보에 연재를 마쳤다. 이 소설은 1950년 백양당 출판사에서 초판을 5천 권 발간했는데 그 해 베스트 셀러가 되어 20일 만에 매진되었다. 그 후 십여 번 재판되었고 KBS-1 대하드라마로 1989년 9월 3일에서 1990년 9월 9일까지 54회에 걸쳐 방영되었다.

창작집으로는 『월운月暈』(단편 14편 수록, 1956), 『감정이 있는 심연』(단편 11편 수록, 1957), 『축제와 운명의 장소』(단편 4편, 중편 2편 수록, 1963), 『우리 사이 모든 것이』(단편 4편 수록, 1978), 『생인손』(단편 5편, 중편 1편 수록, 1987) 등 5권이 있으며 장편 소설 『등불 드는 여인』(1942), 『역사는 흐른다』(1948), 『빛의 계단』(1960), 『석류나무집 이야기』(1962~63), 『만남』(1986) 등 5편, 38편의 단편소설과 중편 『축제와 운명의 장소』(1963), 『유수암』(1963), 『어둠에 갇힌 불꽃들』(1978), 수필집 『열 길 물속은 알아도』(1963), 『이 외로운 만남의 축복』(1981), 『내 마음에 뜬 달』(1990)이 있다.

한국문학에 미친 영향

한무숙은 주로 단편소설을 많이 썼고 우리나라 여성 문학사적 측면에서 볼 때 8·15 광복과 더불어 창작활동을 시작한 제2세대 여성 작가에 속한다. 임옥인, 손소희, 강신재, 박경리, 한말숙 등의 소설가와 홍윤숙, 김남조 시인 등이 이 제2세대 작가군에 포함된다. 1920년을 전후한 시기에 출생한 이 작가들은 그들의 선배인 모윤숙, 노천명, 박화성, 김말봉, 최정희 등의 뒤를 이어서 한국문학에 여성의 목소리를 내는 데 지대한 공헌을 했다. 특히 여성 문학의 가능성을 열어 놓았다는 점에서 중요한 의의가 있다. 그녀의 작품에 그려진 여성들은 당시의 폐쇄적인 사회적 관습과 인습적인 환경의 지배하에 살아가는 여성들이 중심이다. 주로 억압과 자유, 도덕과 정념, 인습과 혁신의 양극 사이에서 방황하는 여성의 내면적 고뇌와 갈등을 그려낸 작품들이다.

1958년에 단편 『감정이 있는 심연』으로 자유문학상을 받았고, 신사임당상(1973)과 3·1문화상(1989), 예술원상(1991) 등을 차례로 수상했다. 특히 1986년 대한민국 문학상 대상 수상

작인 『만남』이 미국과 프랑스, 폴란드, 체코, 중국 등에서 번역 출간되면서 명실상부한 한국의 대표 작가로 확고하게 자리 잡았다.

한무숙 문학의 번역 세계는 광범위하고 오래가고 있다. 1961년 단편소설 『월운』의 주요섭역, 영역본 『The Halo around the Moon』이 국제 펜클럽 한국중앙지부출판으로 나온 것을 비롯해서 장편 소설 『만남』과 『역사는 흐른다』는 미국의 대출판사인 가주대학 출판사(김옥영역, Encounter, UC Press, 1992)와 하와이대학출판사(김영기역, And So Flows History, UH Press, 2005)에서 영역 번역본이 출판되었으며 현재 계속 여러 나라 말로 번역되고 있다

『문학사상』(1991. 3월호)에 실린 새로 쓰는 작가 작품론 "한무숙론"에서 정영자 문학평론가는 「절대 순수의 추구와 한의 세계」라는 주제로 한무숙의 작품세계에 대해 글을 쓴 바 있다. 최근까지의 여러 평가를 종합해서 요약하기를 "그녀는 버지니아 울프에 비유될 만큼 심리묘사에 뛰어난 작가, 감정의 빛깔과 뉘앙스를 통해 인간의 내면세계를 예리하게 포착하여 분석적으로 묘사하는 데 뛰어난 솜씨를 보이는 작가, 감정의 심층을 깊숙이 파헤쳐 보여준 작가 등의 심리주의 소설의 작가"로 평가

되고 있다고 했다.

『문예운동』(2019, 겨울 144호) 기획특집인 작고 문인 집중조명에서 「한무숙의 문학과 생애」라는 주제로 쓴 이인복의 글 중에 "한무숙의 작품은 소재가 무엇이든 그녀가 추구하는 작품의 주제는 인간의 본질을 탐구하는 자세에서 시작하여, 현세에서는 인간의 행복을, 내세에서는 인간의 구원을 향해 그녀의 작가적 재능과 노력을 총동원했다"라고 평했다.

생애와 작품세계

그녀는 부유한 가정환경에서 자라면서 공직자였던 아버지의 직장 이동에 따라 자주 이사를 하며 전학하는 동안에 많은 이별을 체험했다. 초등학교 2학년 때 베를린 세계 만국 아동 그림 전시회에서 입상했고 1935년에 김말봉의 『동아일보』 연재소설 『밀림』의 삽화를 맡아 242회분 연재를 그리기도 했으며 화가의 꿈을 키워갔으나 좌절되었다. 1936년 부산고등여학교 졸업을 앞두고 폐결핵 때문에 4년여 동안의 요양 생활을 하는 동안 집 안에 있던 많은 장서를 읽으며 문학을 긴밀히 접하게 된다. 병세가 호전되어 1940년 조선금융연합회에 다니던 김진홍(1916~2006)과 결혼했고, 엄한 집안의 며느리로서 그림 그리는 일이 불가능해지자 작가 생활로 전신轉身하게 되었다. 그녀는 다섯 명의 자녀를 모두 외국에 유학시켜 박사학위를 취득할 때까지 교육시켰고, 본인도 여러 차례의 외국 여행을 통해 자신의 동양적 품성에 서구적 이성을 조화시키고자 부단히 노력했다.

안혜초 시인의 글에 의하면 문단에 귀한 외국 손님을 맞이할 때면 혜화동 한무숙 소설가의 자택을 곧잘 연회장으로 활용하곤 했다고 한다. 그만큼 격조 높은 한옥과 전통미를 고루 갖춘 집이었고 그 당시 영어와 일본어에 능통한 거의 유일한 작가였기 때문일 것이다. 우계숙 전 한국일보 주간여성 편집장은 한무숙 소설가에 대해 「따뜻하고 아름다운 여인」이라는 제목으로 쓴 글에서 다음과 같이 회고했다.

> 문학으로 그분만 한 명예를 갖춘 대가들이라면 대개는 후배들 모임에 모습을 드러내지 않는다. 혹시 모습을 드러내더라도 느지막이 나타났다가 잠깐 얼굴을 비친 다음 좌중의 인사를 받으면서 퇴장하는 것이 상례다. 하지만 한무숙 선생님은 결코 그런 법이 없다. 아무리 보잘것없는 모임이라도 정확한 시각에 도착해 반드시 모임이 파할 때까지 몇 시간이고 자리를 지켜 주신다. 후배들의 모임을 끝까지 지켜봐 주는 것은 거의 모인 후배 한 사람 한 사람을 죄다 아끼고 다독이는 마음자리 탓이다.

"문학과 인생의 궁극 목표의 하나가 '아름다움에의 탐구'에 있다면 선생님은 문학에서도 인생에서도 크게 성공한 분이라고 할 수 있다"고 언급했다. 을유문화사 고정기 주간은 「한무숙 선생에 얽힌 다섯 삽화」라는 글에서 그녀와의 첫 만남은 50년대 후반 여성 교양 잡지 『여원女苑』의 편집을 맡았던 무렵이라고 했다.

1960년 가을, 여원사에서 미국의 노벨문학상 수상 작가인 펄 벅 여사를 초청했다. 그녀에게 격식 있는 한국 주택도 보여주고 싶고, 맛깔스러운 한국 음식도 대접하고 싶어서 명륜동 한무숙 선생 댁으로 원로 문인들과 함께 펄 벅 여사를 초대했다.

펄 벅 여사는 대문을 들어서자 그 아기자기한 정원에 감탄했고, 한무숙 선생의 단아한 한복 차림과 깔끔한 영어에 원더풀을 연발했다. 이날 밤의 모임이 퍽 인상적이었던지 중세기 프랑스 문인들의 살롱보다 더 운치 있고 멋이 있었다고 했다. 이것이 인연이 되어 펄 벅 여사는 그 후 '펄 벅 재단' 관계로 내한할 때마다 한무숙 선생을 찾았고 두 사람의 교류는 펄 벅 여사가 세상을 떠날 때까지 계속되었다.

60년대에는 조선왕조 최후의 왕자비 이방자 여사의 자서전

『지나온 세월』을 편집할 때였다. 황실 특유의 문어체로 쓴 일기장을 바탕으로 이 자서전을 엮는 과정에서 한무숙은 뛰어난 일본어 실력을 발휘했다. 이 책을 『여원』 잡지에 연재시키기 위해 1년 남짓 동안 이방자 여사와의 만남을 매달 어김없이 낙선재에서 이어갔다. 이 일이 계기가 되어 한무숙은 이방자 여사의 외로움을 달래주는 좋은 벗이 되었다. 연재가 끝난 뒤에도 이방자 여사는 틈나는 대로 그녀를 찾아 말벗으로 삼았고, 그녀는 방자 여사가 벌이는 자선사업의 좋은 상담자가 되었다.

2019년 연천향토문학발굴위원회에 의해 『한무숙 단편소설선집』이 발간되었다. '실향失鄕과 긴 여정餘情을 마치고' 라는 부제 하에 총 425쪽에 달하는 이 소설집에는 1945년부터 1977년까지 쓴 12편의 단편소설들이 실렸다. 이 책을 열면 1986년 대한민국 문화훈장을 받고 찍은 한무숙 근영을 비롯한 18쪽에 이르는 각종 화보에는 가족사진과 더불어 당대의 유명작가들과 찍은 사진들이 총망라되었다. 화보만 들여다봐도 그녀의 50여 년에 걸친 문단 활동이 얼마나 활발했는지를 가늠할 수 있다. 3부로 구성된 이 작품집은, 제1부 실향에서 꽃피운 문향들/제2부 한무숙의 삶과 문학을 말한다/제3부 평설로 구분해서 썼고 맨 뒤쪽에는 작가 연보와 저작집 연보가 연대별로 기록되어 있다. 이 글은 이 책을 참고로 했음을 밝혀 둔다.

그녀의 작품들을 읽다 보면 참으로 장인정신이 강하고 글을 쓰기 전에 미리 글의 얼개를 처음부터 끝까지 다 구상한 후에 쓴 글이라는 느낌이 든다.

맺는말

1992년 12월 26일 동아일보에 '삶의 고뇌'를 삭이려 문학을 택했다는 글을 쓴 것이 그녀가 마지막 쓴 유언 같은 글이다. 한무숙은 1993년 1월 30일 심부전으로 생을 마감했다.

사후에 남편 김진흥이 서울 종로구 명륜동의 고택을 개조하여 한무숙문학관으로 개관했다. 그녀를 기념한 한무숙문학상도 제정되었다. 남편도 은행장을 11년 지낸 은행가요 문학관장으로 1977년 『부부 서화집』, 1984년 『회고록』 『사부』 『마음 가는 대로』, 1996년 『못다 한 약속』에 이어 숙명여대에 한무숙 코너를 만들어 책 5천 권을 기증했다.

한 여자의 일상적인 삶만으로도 버거웠을 대가족의 며느리 위치에서, 가부장제 시대의 여인에게 주어진 모든 역할을 빈틈없이 감내하며 문학에 대한 뜨거운 열정을 생의 마지막 순간까지 불태웠다. 참으로 이상적인 문인이요 현모양처로서의 모범적인 삶을 살다 간 작가다. (2021년 5월)

미주 수필문학의 현주소

문학의 장르와 관계없이 "쓴다는 것은 무엇인가? 왜 쓰는가? 누구를 위해 쓰는가?" 이러한 물음에 대해 "작가는 자기 시대에 관해 쓰고, 자기 시대를 위해 쓰며, 그럼으로써 현재의 다수에게 호소해야 한다. 따라서 작가는 '후세의 영광'을 위해서가 아니라 바로 지금을 위해, 지금에 대해 말해야 한다." 장 폴 사르트르가 한 답변이며 그 유명한 '참여문학론'이다.

2020년은 '워싱턴문인회' 창립 30주년이 되는 해이다. 워싱턴문인회는 그동안 해를 거듭하면서 괄목할만한 튼실한 나무로 성장해왔다. 등단한 작가들로 구성된 전 회원들은 워싱턴문인회가 매년 발간하는 『워싱턴문학』을 통해 자신의 역량을 마음껏 발휘하고 있다. 또한, 해마다 가을이면 미주지역의 한인들에게 한국문학의 지평을 새롭게 열어갈 '신인문학상 작품모

집'에 응모할 기회를 제공하고 있다.

　『워싱턴문학』에 실린 초기의 수필 작품들은 대체로 떠나온 고국에 대한 향수, 지난날에 대한 그리움 같은 과거지향적인 내용이 주제였다. 초기의 이민 생활이 고단할수록 수필도 한국 바라기형 내용에 갇혀 이 범주를 크게 벗어나지 못했다.

　이젠 달라졌다. 우리 수필문학회는 매년 신인 작가들의 참여가 늘어가고 있다. 또한, 정기적인 월례회를 통해 각자의 작품을 합평하는 과정에서 수필의 다양성을 넓혀가며 질적인 향상을 꾀하고 있다. 마치 알을 깨고 나온 새처럼 서로가 비상을 꿈꾸는 사람들의 모임이 되었다. 가장 괄목할만한 변화는 수필의 주제와 소재가 이전의 한국 중심에서 이젠 우리가 살고 있는 미국 중심으로 바뀌었다. 변화무쌍한 미국의 정치, 경제, 사회, 교육제도, 이민정책, 인종차별 문제 등 전반적인 문제가 곧 우리의 문제로 인식되어가면서 각기 처한 상황에서 자신의 목소리를 내기 시작하고 있다.

　2019년도에 발간된 미국의 각 지역별 문학지에 실린 수필들을 살펴봤다. 워싱턴문인회의 『워싱턴문학』 제22호, 미동부한인문인협회의 『뉴욕문학』 제29집, 시카고문인회의 『시카고문학』 제12호, LA 지역 재미수필문학가협회의 『재미수필』 제21

호에 실린 수필 중 한 편씩 본문의 일부를 소개하고 미주 한국 수필의 현주소를 가늠해보고자 한다.

김용미, 「빨래」『워싱턴문학』 제22호, 2019, 190쪽

이 글에는 풍경이 있다. 바지랑대로 받쳐준 빨랫줄은 어린 시절 시골집 앞마당의 정겨운 모습을 상상하게 하는 서정성이 있다. 이윽고 빨랫줄은 삶의 현장으로 치환한다. 빨랫줄이 빨래를 말리는 버거운 과정을 통해 삶이라는 중량감 있는 곡진한 의미가 투여된다. 제 역할을 다 마친 후의 모습까지도 나이 든 사람과 대치시킨 수필의 묘미를 보여준 본문을 소개한다.

> 삶은 빨랫줄과도 같다. 한낮의 빨랫줄은 젖은 빨래의 무게로 긴장된 시간을 지나기도 하고 바람에 소요스럽게 뒤채이기도 한다. 빨랫줄은 끊어질 듯 팽팽한 시간을 살아낸다. 빨래를 가득 걸고 바지랑대가 받쳐주는 완만한 곡선의 힘으로 버티며 빨래를 말린다. 저녁이 되면 빨랫줄은 비어 버린다. 헐렁한 두 개의 곡선으로 허공에 내걸린다. 더는 팽팽해지지 않는 두 개의 곡선, 빈 빨랫줄은 나이 든 사람과 같다. 하지만 빗방울이 매달리고 눈송이의 의자가 되어주고 달빛의 그네가 되어주는 것은 빈 빨랫줄만이 할 수 있는 일일 것이다.

이어서 작가는 다음과 같은 자기 생각을 전한다. '빨래란 무엇일까. 빨래란 아직 오지 않은 날들을 향해 꾸는 꿈같은 것이 아닐까. 어제라는 시간이 묻히고 온 먼지와 얼룩을 지워내고 내일이란 시간을 향해 산뜻하게 나아가는 희망이며 사랑하지 않는 대상에게는 할 수 없는 젖은 수고일 것이다. 그렇다면 세탁소는 그 꿈을 다려주는 공장쯤으로 정의를 해보아도 되려나' 하고 자기 생각을 마무리하는 듯하면서도 여운을 남긴다.

김옥수, 「연초록 자전거(Lime Bike)」, 『뉴욕문학』 제29집, 2019, 177쪽

소재가 새롭고 신선하다. 수필은 다음과 같이 독자에게 새로운 사실을 알려주는 메신저 역할을 하고 있다.

어느 날 연초록과 노란색이 복합된 말끔한 자전거가 우리의 산책길에 세워져 있는 것이 나의 시선을 멈추게 하였다. "자전거가 사람이 다니는 길 위에 잠금장치도 없이?"라며 모퉁이를 한 바퀴 돌아오니 그곳에는 3대가 나란히 정거해 있었다. 호기심에서 우선 자전거 뒤에 쓰여 있는 간단한 내용의 글을 읽었는데 자전거 골격의 색깔을 따라서 이름 하여 "Lime Bike"라 되어있다. 스마트 폰의 앱app으로 작동할 수 있으며 한번 타는 요금은 $1인데 자기의 목적지에 도착하면 그곳 인도에다 그냥 세워놓고 떠나면 된다고 한다. (…) 몹시 궁금한 마음으로 집에 돌아와

서 곧바로 인터넷 검색을 하였더니 다행히 많은 정보가 올라와 있었다. 굳이 번역하자면 '무 정거장 나누어 쓰는 자전거?(Dockless Bike Share)'라는 이름으로 2017년에 태어났다고 한다.

최첨단 기술에 능통한 중국계의 청년 세 사람이 창업했고, 캘리포니아의 실리콘 밸리에서 시작했는데 이젠 미국 전역의 도시나 또 대학가에서 인기가 대단하며 유럽 등으로 사업이 크게 확장되는 추세라고 한다. 현대인의 편리한 생활 방편을 소개한 글이다.

최영숙, 「신기한 물고기 코이(Koi) 이야기」, 『시카고문학』 제12호, 2019, 167쪽

자신이 사는 세계의 크기에 따라서 난쟁이 물고기가 될 수도 있고, 대형 잉어가 되기도 하는 '코이'라는 물고기를 통해 인간도 각자 처한 환경에 따라 발전의 정도가 달라질 수 있음을 시사해준다.

한국에서는 비단잉어의 일종으로 알려진 나시키 '코이'는 보는 각도에 따라 아름다움이 다르다는 신기한 관상용 물고기라고 한다. 조그마한 어항 속에서 코이 물고기가 크면 최대 5~8cm까지 큰다. 그러나 이 코이 물고기를 커다란 수족관이나 연못에 넣

어 두면 최대 세 배인 15~25cm까지 자란다. 그런데 강에서 사는 코이 물고기의 경우 최대 120cm까지 자란다. 어항에서 사는 코이 물고기는 자기가 숨 쉬고 활동하는 세계의 크기에 따라서 난쟁이 물고기가 될 수도 있고, 대형 잉어가 되기도 한다. 환경에 따라 달라지는 코이 물고기처럼 우리들의 가능성 또한 환경에 따라 달라질 수도, 발전할 수도 있다는 사실에서 '코이의 법칙'이라는 말이 나오게 되었다.

저자는 중학생 시절 하늘을 날아가는 비행기를 쳐다보며 '내가 평생에 비행기를 한 번이라도 탈 수 있을까?' 생각했다. 그런데 감히 꿈도 꾸지 못했던 목사가 되고, 미국 유학 와서 박사학위도 받고 이렇게 큰 나라에서 사는 자신의 삶을 불가사의하고 기적에 가까운 일이라 생각한다. 한때는 가난하고 많이 배우지 못한 부모 밑에서 태어난 것을 원망했다. 이젠 두 주먹 불끈 쥐고 의연히 일어나 '꿈'이라는 '힘'과 '도전'이라는 '무기'로 어항을 깨고, 언젠가는 거친 물결에도 휩쓸려 떠내려가지 않을 만큼의 실력을 키워나가려 한다고 다짐한다. 자신이 살아온 삶의 과정을 통해 누구에게나 용기와 자신감을 심어주는 체험적인 사실에 기반을 둔 진솔한 수필이라 하겠다.

이성숙, 「바꿀 수 없는 것을 위하여」, 『재미수필』 제21호, 2019, 112쪽

수필은 사실을 바탕으로 한 논리적 사고를 거쳐 글 쓴 이만의 잘 익은 생각을 표현한 글이라 공감대가 크다. 다음 글을 예로 소개한다.

> 바꿀 수 없는 것들을 우리는 운명이라고 한다. (…) 다이아몬드와 흑연은 둘 다 탄소 결합으로 이루어진 물질이다. 그러나 배열이나 결합 질서에 따라 어느 쪽은 반짝이는 다이아몬드로 어느 쪽은 시커먼 흑연으로 태어난다. (…) 다이아몬드는 아무런 노력 없이 다이아몬드가 되었다. 이것이 우리가 집착하는 운명이다. (…) 흑연은 아무도 돌보지 않는 헛간에서 검고 칙칙한 물질로 태어난다. 그러나 (…) 외로운 사람을 위해 자신의 몸을 태우고 점토와 만나 연필심이 되며 많은 화학 공정에 빼놓을 수 없는 광물질이 되면서 자신의 존재감을 발휘한다. (…) 세상은 흑연을 다이아몬드가 되지 못한 자라거나 실패한 운명의 주인공으로 보지 않는다. 그는 자신의 운명을 변화시킨 삶의 주인공이 되었다. 그로 인해 세상은 살맛 나는 곳이 된 것이다.

이 글을 통해 작가는 말한다. '사람은 누구나 같은 질료를 가졌다. 잘 선택하여 사용한다면, 진실이 대접받지 못했거나 기회를 적시에 알아보지 못해 놓쳐버린 순간이 쌓여 있다 해도 언젠

가는 보석처럼 찬연한 별똥별 하나 삶의 궤적 위에 돋아날 것이다. 통증이 반복된 살점 위에도 새살이 돋듯이.'

  이상과 같이 단편적으로나마 각 문학단체에서 활동하는 수필가들의 글을 소개하면서 미주 한국수필문학이 어디쯤 와있는지 돌아보는 계기가 될 수 있기를 바란다.
  이젠 정해진 틀에서 과감하게 벗어나 무엇을 어떻게 쓸 것인가에 대해 좀 더 진취적인 주제와 적극적인 현실참여 정신으로 수필 문학의 새로운 지평을 열어가야 할 때다. 그리하여 이 시대를 살아가는 시민 정신과 사르트르의 '참여문학론'에 힘입어 우리가 사는 현실의 문제점에 대해 방관자가 아닌 주체자로서 살 수 있기를 희망한다. 이와 관련된 글로 한국수필문학이 어떻게 현실 참여문학으로서의 내일을 열어갈 수 있을 것인가에 대한 가능성을 보여주는 수필 한 편을 소개한다.

  다음은 워싱턴문인회 문영애 수필가의 「숨을 쉴 수가 없어요!(I can't breathe. Please!)」에 대한 글의 일부분이다.

> 8분 46초. 흑인 조지 플로이드가 겪은 처절하고 괴로운 절규의 시간이었다. 수갑에 두 손을 뒤로 묶인 채 온몸을 꼼짝 못 하게

길바닥에 엎어 놓고 백인 경찰이 무릎으로 플로이드의 목을 조이며 걸터앉은 자세로 보낸 시간이었다. 얼마나 눌렀으면 콘크리트 바닥에 코피가 고였을까. 비디오에서 반복적으로 들려오는 "I can't breathe. Please!" 무기력하게 울부짖는 그의 목소리를 들으며 난 마치 1800년대 노예영화를 보는 것 같아 가슴이 무섭게 떨렸다. 담배를 사면서 가게직원에게 건넨 20불짜리 돈이 가짜라는 범죄가 숨통을 죄어 죽일 죄인가! (…) 흑인에 대한 백인 경찰의 무자비한 과잉 대처는 어제오늘의 일이 아니다. (…) 근래에 불거진 유색인종 차별 문제는 아킬레스건이 되어 건드려질 때마다 정치가 나누어지고 사회가 분열되어 모든 사람이 아픔을 겪는다. (…) 'Black Lives Matter(흑인의 목숨도 중요하다)'를 외치며 전 미주의 40여 개가 넘는 도시에서 시작한 집회가 오늘로써 3주째다. (본문 작성: 2020년 6월 20일)

그녀는 이 글을 쓰게 된 동기를 다음과 같이 언급했다. "미국의 인종차별 문제는 여러 가지 복합적인 문제들이 기인하며 특히 백인과 흑인의 문제는 심각하여 이번 플로이드의 죽음은 전 세계적인 시위로 번졌다. 사실 그들을 가난에서 허덕이며 이 지경으로 만든 것은 그들을 노예로 이용하고 버린 백인들이다. 노예해방을 하며 적절한 보상도 없었다. 그러니 맨손으로 가난의 쳇바퀴에서 빠져나오기는 쉽지 않다. 이 가난 때문에 파생되는 문제가 많아지고 보니 백인들은 그런 그들을 또 혐오한다."

이제 수필가들은 더 이상 과거 시제의 글이 아닌 현재진행형의 글을 써야 한다. 우리가 살고 있는 이 땅의 현실에서 주제와 소재를 찾아 자신의 목소리를 낼 수 있어야겠다. 지금 미주지역 한국 수필가들은 현실의 문제점을 개선하고자 노력하면서 준비된 미래를 열어가는 중이다. 한 발짝 앞서가는 이상을 가슴에 품고 더 높이 더 멀리 새처럼 훨훨 날 수 있는 날개를 퍼덕이는 중이다. (2020년)

2부

수필, 그 사유의 뜰
— 한국산문 월평 I

진솔한 문학 장르로서의 수필

잘 익은 과일마다 그 맛과 향이 다르듯 『한국산문』 2020년 12월호에 실린 22편의 작품마다 귀한 주제와 소재로 여운을 남긴 글이었다. 그중에서 허홍의 「어머니의 사부곡」, 송인자의 「날개가 되어준 말」, 박종희의 「낮달」에 대해 언급하고자 한다.

허홍의 「어머니의 사부곡」은 여든 노모의 품에 외조부의 흔적을 한 자락이나마 안겨드리기 위해 길을 찾아 나선 행적을 다루고 있다. 외조부는 세상에 알려지지 않은 독립운동가 중 한 사람이었다. 뒤늦게 대단한 무언가를 찾기 위함이 아니라 그저 여섯 살에 아버지를 잃은 어머니의 그리움을 위로하기 위함이었다. 어머니와 동생과 함께 찾아간 곳은 외종조부와 외조부가 일본군의 눈을 피해 머물렀다는 금봉암이었다.

대웅전을 지나 천왕문으로 내려오는 계단에서 멈칫하는 어머니. 그 모습에 남동생이 힘드시면 쉬어가자고 한다. 계단에 앉은 어머니 곁에 나도 자리를 잡았다. 그 순간 먼 산봉우리를 바라보던 어머니의 울음이 터졌다. 여든의 사부곡思父哭이다. 오래도록 묵힌 어린아이의 울음이다. 가끔 봐왔던 어머니의 눈물이었지만 이전의 것과는 달랐다. 얼마나 삭히고 묻었던 울음일까. 무릎을 감싸안고 얼굴을 묻은 채 아이처럼 우는 어머니의 굽은 등을 쓰다듬었다.

독립운동 중 어느 절에 은신했다는 말을 들은 적이 있는데 최근에야 그곳이 금봉암이라는 것을 알게 되어 찾아간 것이다. 어머니는 산사를 둘러보다가 대웅전 문고리를 잡은 순간 울컥하여 아버지를 불렀다. 대웅전 앞에 앉아있던 우리 곁으로 다가와 자리를 잡은 어머니가 천천히 옛이야기 한 자락을 들려주었다. 해방된 이듬해에 부모를 졸지에 다 여의고 외갓집으로 가는 길에 사람들이 아버지를 훌륭한 분이 돌아가셨다며 안타까워했던 기억을 얘기했다.

독립운동 중에도 가족들의 안전을 위해 깊은 산골 외딴집으로 옮겨 다니며 은신처를 마련해주고서야 다시 길을 떠난 아버지였다. 조실부모하고 살아온 어머니의 삶은 세 번의 자살 기도만으로도 '얼마나 힘들었을까' 하고 짐작해볼 수 있다. 그런 역경 속에서도 부끄럽지 않게 살고자 노력했던 어머니의 정신력은 바로 외할아버지에게서 이어졌다는 걸 깨닫는다.

부모는 자식에게, 자식은 부모에게 언제나 미안할 수밖에 없음을 이제는 알게 된 내가 어머니의 손을 잡고 말한다. 고마워요, 엄마. 지금껏 우리 곁을 지켜줬음에 감사함을 전한다. 어머니의 얼굴에 미소가 떠오른다. 그렇게 외조부와 어머니와 내가 만나며, 비로소 여든의 사부곡이 울음(哭)이 아닌 노래(曲)가 된다.

우리 민족의 한을 거슬러 올라가 보면 일본침략으로부터 비롯된 것이지 싶다. 독립운동을 하다 생을 마친 수많은 아버지의 후손들이 겪어야 했던 생활고는 그들의 비극을 넘어 지금도 계속되고 있는 민족 수난사의 후유증이 아닐 수 없다.

송인자의 「날개가 되어준 말」은 오프라 윈프리 쇼를 보면서 전개된다. 참으로 극적인 인생 여정의 주인공인 그녀가 무명 시절에 스필버그 감독의 「컬러 퍼플」이라는 영화에 단역으로 출연했다. 그 영화의 마지막 화면에 출연진들의 이름이 모두 올라오는데 자기 이름은 빠져서 몹시 실망한 나머지 울고 싶을 때였다. 그때 함께 출연했던 남자 배우가 "괜찮아, 지금 매우 섭섭하겠지만 네 인생은 앞으로 눈부시게 빛날 거야"라고 말해준다. 그 말이 정말 고마웠고 그 한마디에 힘을 얻어 오늘의 눈부신 오프라가 될 수 있었다는 얘기이다.

이 수필가에게도 날개를 달아준 말이 있다. 오래전부터 글을 쓰고 싶은 생각이 간절했지만, 감히 꿀 수 없는 꿈이라고 생각했을 때 Y가 어느 날 자신에게 글을 써보라고 하면서 책을 내주겠다고 했다. 이렇게 가슴이 뛰는 말에 용기를 내어 그녀는 글쓰기에 도전하게 된 것이다.

그 후에도 여덟 차례나 항암 치료를 받고 있을 때 Y는 그녀에게 "산티아고 같이 가요. 전 일정은 힘들겠지만 짧은 구간은 괜찮을 거예요"라고 해서 심장이 관통당한 것처럼 기쁘고 고마웠다. 그 말 한마디에 힘입어 그토록 고통스러웠던 항암 치료 과정을 견딜 수 있었다.

> 내가 과연 글을 쓸 수 있을지 몰라 겁만 내고 있을 때, 내가 남들처럼 다시 여행을 갈 수 있을까 걱정하고 있을 때, 이렇게 글을 쓸 수 있고 여행을 갈 수 있게 된 건 오로지 "책 내드릴게요" "산티아고에 같이 가요"라는 아무 근거도, 대책도 없이 그저 믿어주던 따뜻한 말 때문이다. 칭찬하는 말도 좋지만, 진심으로 믿어주는 말이 힘이 된다. 허물이 크고 부족해도 기다려주고 최고의 모습을 기대하며 전폭적인 지지를 보내는 말은 얼마나 아름다운가.

40년 전에 가르쳤던 제자가 스승에게 했던 말이다. 격려나 위로의 말은 흔히 연장자나 친구를 통해 듣게 되는데 반대의 경우여서 더 가슴 뭉클한 감동의 여운이 깊다.

박종희의 「낮달」은 어린 시절을 주로 외가에서 지내면서 지켜본 할머니에 대한 생애를 낮달에 비유해서 쓴 글이다.

> 딸을 여섯이나 낳고 아들을 넷 낳았지만, 이상하게도 아들은 네 살을 채우지 못하고 떠나버려 할머니는 아들에 대해 한이 맺힌 듯했다. (…) 집안에 대를 끊었다고 자책하던 할머니는 대낮에 희미하게 떠 있다가 사라지는 낮달 같았다.

양기가 센 할머니는 치마만 둘렀지 여장부나 다름없었다. 낮에 나와 대접 못 받는 낮달처럼 시를 잘못 타고나와 평생 숨죽이고 살았던 할머니의 생애가 한스럽다.

세 작품의 주인공이 모두 여성이다. 각기 다른 시대적 환경의 지배하에 살아야 했던 할머니와 어머니 세대의 한 많은 생애를 재조명해볼 수 있는 참신한 글이다. 또한, 낙심한 이에게 따뜻한 말 한마디가 얼마나 큰 힘이 되는가에 대한 글에 공감하는 바가 크다. 이처럼 수필은 문학 장르 중에서도 영혼을 맑히는 가장 빛나는 분야라고 감히 말하겠다. (한국산문, 2020년 12월호)

작가의 내면세계 들여다보기

　수필은 내가 주어가 되어 자신의 경험이나 사유의 뜰에서 길어 올린 결과물이라고 해도 과언이 아닐 것이다. 이런 측면에서 볼 때 글쓴이를 전혀 몰라도 작품을 읽어보면 그 사람이 보인다. 박인숙의 「69세」, 설영신의 「나는 왜 기도할까」, 강수화의 「다시 짝이 되어」를 통해 작가가 독자에게 전하고자 하는 메시지를 살펴보고자 한다.

　「69세」의 작가 박인숙은 비 오는 날을 좋아한다. 보슬비 내리던 날 아침, 그녀는 집 근처에 있는 가라산을 올랐다. 조금 가다 보니 폭우가 내렸고 주변 사람들이 하산하기 시작했다. 그녀는 아예 우산을 접고 폭포수처럼 쏟아지는 비를 온몸으로 맞으면서 콧노래까지 부르며 계속 걸었다. 한참 후에 보니 주위엔 아무도 없고 빗소리만 세찼다. 겁이 덜컥 났다. 갑자기 '나 같은 노인을? 누가?' 하는 생각과, '아냐! 난 아직 그래도 젊어. 아직 만으로 68세인데' 하는 생각이 교차하면서 어깨를 으쓱하며 걸었다.

맞은편에서 한 젊은 청년이 걸어오고 있었다. 당황했으나 태연하게 정면으로 그를 보며 걸었다. 이윽고 그가 그녀의 곁을 스쳐 가는 순간, 자신도 모르게 긴장해서 마른침을 삼켰다. 그는 인숙을 힐끗 한 번 쳐다보며 지나갔다. 가다가 뒤돌아보니 그 남자가 그녀 쪽으로 재빨리 걸어오는 것이 아닌가. 뛰다시피 산에서 내려오는데 「69세」라는 영화가 오버랩 되어 온몸이 뻣뻣이 굳는 것 같았다. 노인 성폭행에 대한 영화였다. 영화 제작자는 중년에서 노년으로 넘어가는 경계에 있는 나이가 69세인 것 같아 제목을 「69세」라고 했다 한다.

산을 거의 다 내려왔을 때였다. 어느새 그 남자가 가까이 와서, "○○ 어머니 맞으시죠?" 하는 게 아닌가. 그녀는 놀랐지만 태연한 척 "네, 네 그 그런데요, 왜요?" "저는 이십 년 전 옆집 304호에 살던 규연이에요"라고 했다. 청년은 그녀가 너무 젊어서 잘 몰랐다며 인사를 했다. 알고 보니 그는 자기 아들과 동갑내기 친구였다. 그에게 아들 얘기를 전해주고 집으로 돌아오며 자신도 모르게 헛웃음이 나왔다.

영화 포스터에 '69세는 희망을 갖기에 충분한 나이'라는 문구에 눈이 머물렀었다. 그래, 공부하기에도, 글을 쓰기에도, 몸짱을 만들기에도, 사랑을 하기에도, 클라이밍을 하기에도, 타인을 섬기는 봉사에도 충분한 나이다. 69세여, 파이팅!!

100세 시대답게 69세도 뭐든지 할 수 있는 나이라며 진취적인 사고방식을 고취하는 시대의 흐름에 걸맞은 적절한 글이라고 생각한다.

설영신의 「나는 왜 기도할까」를 읽다 보면 작가의 맑은 심성이 오롯하게 느껴진다. 그녀에 관한 글인데 우리들의 이야기 같아서 "그래 맞아!" 하고 맞장구가 쳐지기도 한다. 그녀는 어렸을 때부터 '울거나 말 안 듣는 아이는 망태 할아버지가 업어가고 울지 않고 착한 아이한테는 산타할아버지가 선물을 준다'라는 얘기를 부모한테서 가장 많이 들으면서 자랐다. 뭘 잘못했을 때는 망태 할아버지가 두려웠고, '어린 나는 크리스마스 아침에 산타할아버지의 선물이 없어 서운했지만 크게 실망하지는 않았다. 더 착하게 살아야겠다고 다짐했던 기억은 선명하다'라는 구절에서 읽는 이로 하여금 가만히 미소 짓게 하는 참 순수한 글이다.

결혼해서 세 아이를 낳아 키우다 보니 종교에 의지하지 않고는 도저히 애들을 지킬 자신이 없었다. 살면서 감당하기 어려운 우여곡절을 헤치고 나가야만 되는 경우도 많았다.

저세상에서 천당에 가고 못 가고보다 이 세상을 살아가는 데 종교가 없이는 견디지 못할 것 같다. 한 치 앞을 볼 수도 알 수도 없는 사람이다. 신은 죽었다고 외치는 니체도 걸어가다 돌에 걸려 넘어지려는 순간 "앗! 주여!" 하고 외치지 않았을까?

그녀는 아이들이 초등학교 다닐 때쯤 성당을 찾아가 교리 공부를 하고 세례를 받았다. 최근에 가장 친한 친구가 위독해서 입원했어도 코로나 때문에 병문안을 못 하고 다만 전심으로 기도를 드리고 있다. 자신의 부귀영화나 무병장수를 위한 기도가 아니라 자식들을 위한 어머니의 기도, 병상에서 위독한 상태에 있는 친구의 쾌유를 비는 작가의 간절한 기도를 하나님도 들어주실 것 같다. 마치 가까이 지내는 이웃처럼 정감이 가는 글이다.

강수화의 「다시 짝이 되어」는 "인숙아! 요즘 뭐 하고 지내니? 나랑 같이 문화센터 글쓰기 반에 다니지 않을래?" 하는 전화 통화로 글이 시작된다. 42년 전, 작가는 청운의 꿈을 안고 진주여고에 입학했다. 짝꿍인 인숙은 차분한 성격에 공부도 잘하는 모범생이었고, 자신은 공부보다 하루하루 겨우 살아가는 고학생이었다. 고등학교 졸업 후 인숙은 서울교대로 진학했고 그녀는 대구공장에 취직했다. 회사에서 매년 창립 기념일마다 글짓기 대회를 열었는데 그녀가 최우수상을 받게 되었다. 시상식이 서울 본사에서 있게 되어 그녀는 인숙을 만나고 싶었다. 대학 3학년인 그녀를 만나 모처럼 함께 서울 시내를 쏘다녔다. 다시 대구로 돌아오는 버스 안에서 그녀는 대학생인 인숙이 부러워서 소리 내어 울었다.

결혼해서 그녀도 서울에서 살게 되었다. 남편은 자기가 번 돈은 유학비용으로 저축해야 하니 그녀가 번 돈으로 생활비를 하라고 했다. 당장 생활비가 부족했을 때 인숙에게 돈 좀 빌려달라고 했다. 그 친구는 두말없이 돈을 주었다. 그녀는 다시 연락을 끊고 지내다 남편의 유학길에 도망치듯 떠나 버렸다. 남편의 유학 생활은 그녀가 뒷바라지하지 않으면 학업을 지속할 수 없는 형편이었다. 갓 낳은 아들을 부모님께 맡기려고 잠시 한국으로 들어왔다. 망설이다 그 친구에게 전화했다. 인숙은 변함없이 그녀를 반갑게 만나 공항까지 데려다줬다. 빌린 돈에 관한 얘기는 입 밖에 내지 않았음은 물론이다. 출국장으로 들어가는 그녀에게 정갈하게 포장한 박스를 내밀었다. 그녀는 인숙이 준 상자를 끌어안고 울었다. 그 속에는 김, 미역, 고추장 등이 들어있었다.

그들은 다시 짝이 되어 글쓰기 반 강의를 함께 듣게 되었다. 시간의 줌을 당겨 42년 전, 진주여고 1학년 7반 교실에 앉아있는 느낌이었으리라. 작가는 다음과 같이 말했다.

내가 필요할 때마다 그녀를 쿠폰처럼 사용했다는 생각이 든다. 인숙아, 이제 나를 쿠폰처럼 사용하렴.

세 작품 모두 작가의 솔직한 표현이 잔잔한 감동을 주는 글이다. (한국산문, 2021년 2월호)

다양한 시각

　수필에 대한 고정관념으로부터의 방향 전환이 있는가 하면, 음식문화의 정서를 오롯이 느끼게 하는 도마소리가 한 편의 서정적인 수필이 되기도 합니다. 인공 지능 개발로 미래에 대한 혁신적인 상상력을 꿈꾸게 하는 산문도 있습니다.
　임은수의 「다시 돌아오다」, 신윤옥의 「도마소리」, 한금희의 「인공 지능」에 대한 내용을 서간문 형식으로 만나보겠습니다.

　「다시 돌아오다」의 글 중에 "중년의 주말 부부는 전생에 나라를 구해야 된다"는 우스갯소리가 있는데 남편이 부산으로 발령 났을 때 임은수 님은 어떠셨는지요. 결혼생활 20여 년이 지난 시기였으니 그 무렵이면 매일 반복되는 가사 노동에서 좀 벗어나고 싶은 시기일 수도 있겠습니다. 그런데 그 시절엔 고속 열차가 다니기 전이라 서울과 부산의 거리가 아득히 멀게만 느꺼졌고. 퇴근길마다 걸려 오는 남편의 전화를 받기 위해 해가 지면 거의 외출하지 않았다는 구절에서 오히려 더 애틋한 부부애를 느꼈습니다.

> 부산으로 부임한 후 첫 토요일, 집에 온 아빠를 보고 아이들이 팔에 매달리며 폴짝폴짝 뛰었다. 나는 양복을 받아 걸면서 몇 번이나 장롱문을 열었다 닫기를 되풀이하였다. 1주일 만에 만나는 남편과 눈을 마주치기가 영 쑥스럽고 어색해서다. 그도 나와 비슷했는지 처음에는 서로의 시선이 살짝 비껴갔다.
> 아, 멋쩍어라.

세월이 흘러 아이들은 이제 대학생이 되었고 남편은 직장생활에 전념하게 되어 자칫 허탈할 수 있는 시기에 작가도 대학원 공부를 하게 된 것에 대해 아낌없는 응원의 박수를 보냅니다. 오붓한 가족이면서 각자가 몰입할 수 있는 세계를 추구해 가는 이상적인 가정이라고 생각합니다.

성질 급한 시간은 후다닥 잘도 달려가지요? 어느 날 문득, 반백이 된 남편의 뒷모습에서 예전의 당당한 모습은 사라진 채 굽은 어깨가 힘없이 지쳐 보였다는 측은지심의 구절에서 한 생애를 동고동락한 아내만이 느낄 수 있는 남편에 대한 연민에 깊이 공감합니다.

남편이 정년퇴직하자 내 집이 있는 서울로 다시 돌아왔다. (…) 긴 항해를 끝내고 무사히 항구에 정박한 것처럼 편안하다. 의외였다. 정작 서울에 사는 동안은 늘 자연이 그리워서 탈脫 서울을 꿈꾸었는데, 머리와 가슴이 다르게 반응한다. 오래 알던 사람은 물론이고 모든 익숙한 것들이 그리웠던 모양이다.

대체로 은퇴 후의 삶은 전원생활을 계획하거나 도시를 떠나 휴식을 취하고 싶어 하는 사람들과는 달리 서울로의 진취적인 귀환이 반갑습니다. 이젠 그동안 만날 수 없었던 친구들도 만나보고, 하고 싶은 일들을 마음껏 할 수 있기를 바랍니다. 30여 년을 살면서도 아직 가보지 못한 서울의 곳곳을 남편과 함께 유람하며 평화로운 일상의 기쁨을 한껏 누리기를 바랍니다.

신윤옥 님의 「도마소리」를 상상 속에서 들어봅니다. 어느 여름날, 함께 모시고 사는 시아버지가 시누이 집에 다니러 갔을 때 모처럼 친정집에서 자고 올 수 있는 절호의 기회였겠지요? 오랜만에 친정집을 들어서며 "엄마, 나 오늘 여기서 자고 간데이" 하고 들뜬 목소리로 말하고는 긴장이 풀렸던지 이내 잠이 든 작가는 잠결에 경쾌한 소리를 듣습니다. 어머니가 딸을 위해 음식을 준비하는 흥겨운 도마소리였습니다. 뒷모습만 봐도 엄마의 기분을 알 수 있는 딸과 오랜만에 자고 간다는 딸을 위해 추어탕을 끓이는 어머니의 정겨운 모습이 선하게 떠오르는 글입니다. 오랜 세월이 지난 지금도 어머니에 대한 그리움을 불러일으키는 도마소리에 저도 감전된 듯했습니다.

 작가가 친정어머니의 도마소리를 달콤하게 여겼던 것처럼 아이들도 그 소리를 좋아합니다. 특히 아들은 휴일에 늦잠을 잘 때 엄마가 부엌에서 달그락거리고 토닥거리는 소리가 너무 듣기 좋답니다. 이제 이 집안의 도마소리는 대를 이어가는 사랑의 매개체가 되었습니다. 그런가 하면 무심히 지나칠 수 있는 칼과 도마의 관계를 통해 함께 사는 사람들끼리 마음의 합이 중요함을 다음과 같이 일깨워 줍니다.

> 잘 받쳐주고 받아준다면 칼과 도마의 소리로도 흥이 오른다. 자신을 날카로운 날로 아프게 한다고 여기면 한도 없다. 도마를 유심히 보면 상처투성이다. 칼의 춤에 난 상처를 고스란히 간직하고 있다. 그래도 도마는 말이 없다. 칼이 없으면 자신의 존재도 무의미하다는 것을 받아들이고 있기 때문이지 싶다.

 이렇듯 일상적인 소리의 합에서도 삶의 조화를 터득하게 하는 신윤옥 님의 작가적인 안목에 경의를 표하며 앞으로도 독자들의 마음을 훈훈하게 해줄 따뜻한 글을 기대합니다.

한금희 님의 「인공 지능」은 수필의 소재에 대한 지평을 넓혀주었고 지금까지 과거 회상형의 수필을 미래 시제로 전환한 점에서 높이 평가합니다. 지금 우리는 알파고로 대표되는 게임 프로그램이 인간과 대적해서 이길 정도의 인공 지능 시대를 살고 있습니다. 컴퓨터 전문가들은 심심치 않게 AI(Artificial Intelligence)에 대해 언급하고 있으며 AI 비전, AI 교차로, AI 카메라 등이 상품화되었고, 자율주행 자동차의 핵심 기술도 인공 지능임을 상기시켜줍니다. 상상해보세요. 앞으로는 컴퓨터가 소설을 쓰게 될지도 모릅니다. 이에 대한 가능성을 미리 입증이라도 하듯 작가는 다음과 같이 예를 들어 독자를 설득합니다.

알렉산더 그램 벨이 전화를 발명하고 공개적으로 시연하게 되었을 때 당시 대통령이 초빙되어 참석했다. 그리고 대통령은 대단히 감동하였으면서도 "그런데 이걸 대체 누가 필요로 하지?" 했다고 한다.
150년 뒤 전화기는 진화하여 핸드폰이 되었으며 지금은 거의 모든 성인뿐만 아니라 중학생만 되어도 휴대하는 기기가 되었다. 마찬가지로 인공 지능이 쓰는 소설도 다각도로 진화하겠지만 그것을 읽는 인간도 역시 지금은 상상하기 힘들 정도로 다양하게 즐기고 인용하게 될 것이라는 사실을 간과해서는 안 된다는 생각이다.

이렇게 수필의 영역이 새로워지고 있습니다. 윤재천 수필가는 그의 「수필 아포리즘」에서 "한 편의 수필에는 자신의 철학과 사유를 통해 현재와 과거의 행적, 미래를 예시하는 메시지가 담겨있어야 한다. 수필은 백인백색百人百色이어서 좌충우돌의 시도로 천신만고 끝에 얻어진 작법이 자신만의 노하우와 천재성으로 이어져 타인의 글과 비교될 수 없는 특색을 지니게 된다"고 언급했습니다. 이제 수필은 자유로운 영혼이 무한대로 꿈꿀 수 있는 상상력의 세계까지 시도할 수 있는 포용 문학으로서의 진면모를 보여줘야 할 때가 되었다고 생각합니다.

(한국산문, 2021년 4월호)

수필, 그 사유의 뜰

오랜 세월에 걸친 체험을 다룬 수필일수록 글쓴이의 삶이 오롯이 문자로 드러난 거울 같다. 18편의 신작 수필이 실린 이번 호에는 여느 때보다 괄목할만한 작품들이 많았다. 그중에서 박은실의 「세 번째 만남」, 허문홍의 「첫, 그 소중한 나의 원源」, 이성화의 「호랑이 비누」에 대한 글을 살펴보고자 한다.

「세 번째 만남」에서 박은실은 어렸을 때 TV에서 감기약 광고에 나왔던 씩씩한 군인 아저씨의 모습을 처음 봤다. 그 후 중학교 때 참고서 광고에 백마를 타고 붉은 망토를 걸친 용맹스러운 그의 모습을 다시 보게 되었다. "그는 마치 나만 따라오면 그깟 공부는 문제없다는 듯, 앞발을 높이 치켜든 말 위에 앉아서 레이저 눈빛을 쏴대고 있었다"고 기억한다. 40여 년 후, 운명처럼 그를 다시 만났다. 바로 임헌영 교수의 인문학 강의인 러시아 문학 톨스토이 중 『전쟁과 평화』를 통해서다. 전략의 신이었던 그가 러시아 보로디노 전투에서 패하는 장면을 보고 그제야 옛날에 인상 깊게 봤던 그 씩씩한 군인이 바로 나폴레옹이었음을 알게 된다. 작가는 「세 번째 만남」을 다음과 같이 요약했다.

> 흑백 TV 속에서 코감기에 걸려 훌쩍이던 서양군인 장면을 오려내 책상 위 왼쪽에 놓았다. 『완전정복』 참고서 기억의 줄을 당겨 오른쪽에 붙여놓았다. 보로디노 전투에서 코감기에 걸려서 멍해졌다던 그의 얼굴을 그 아래에 붙였다. 머릿속 필라멘트에 빨간 불이 '번쩍' 들어왔다. 이제야 나는 딱 알게 되었다. 내가 오래전에 알았던 그가 바로 나폴레옹이었다.

이 세 번째 만남이야말로 그녀가 이 글을 쓰게 된 화룡점정畫龍點睛 역할을 했다. 스치듯 지나간 사람에 관한 생각이 어느 한 순간 퍼뜩 떠오른 계기를 놓치지 않고 작가 특유의 유머로 흥미있게 쓴 글이다. 특별한 소재가 아니더라도 오랜 세월이 지나도록 무의식 속에 새겨진 기억을 소환해서 일관성 있게 잘 표현한 수필이다.

허문홍의 「첫, 그 소중한 나의 원源」에서 작가는 다음과 같이 말한다.

내 아이들을 지키기 위해 최선을 다하는 힘을 어머니에게서 받았다면, 세상 아이들에게 힘이 되고 싶은 마음은 스승에게서 받았다. 그리하여 나는 조금 더 나은 사람, 어른이 되고 싶다는 바람을 갖고 노력하며 사는 중일 것이다. 참으로 감사한 일이다. 이 고마움을 조금 더 일찍 알았더라면…. (…) 더 나은 모습으로 찾아뵙고 싶다며 미루다, 영영 뵐 수 없게 된 죄송함을 그리움 위에 얹어본다. 그분을 기려본다.

작가는 어린이집에서 말썽꾸러기였던 세 살배기 은지를 정성을 다해 잘 보살펴줬다. 날이 갈수록 정서적으로 안정되어가는 아이에게 선생님이 "사랑해, 은지야"라고 하면 은지는 엄마에게 "사랑해, 엄마" 하고 말한다고 아이 엄마도 무척 기뻐했다. 헤어진 지 이 년이 지난 후에도 두 모녀는 첫 선생님이었던 그녀를 잊지 않고 찾아주는 그들의 밝은 모습을 잊지 못한다.

그녀에게도 초등학교 1학년 때 담임이었던 잊을 수 없는 첫 스승이 있다. 불우한 가정에 태어나 글을 깨우치지 못한 채 초등학교에 입학했다. 그녀의 딱한 사정을 알게 된 선생님이 하교 시간 후에도 글을 배울 수 있도록 배려했고, 읽고 싶은 책들을 기꺼이 빌려주기도 했다. 그때부터 작가의 생에 책 읽기가 깊이 뿌리를 내리는 계기가 되었다.

여름 방학 때는 어머니가 시골에 가게 되어 선생님이 그녀를 자신의 집에 데려다 함께 지냈다. 선생님 댁에서 지내는 동안 줄넘기만 하면 무조건 전진하는 그녀의 버릇을 고쳐주기 위해, 선생님은 자기 집 마당에 동그라미를 그려놓고 가르쳐주기도 했다. 작가는 훗날 "그렇게 길을 열어주고 기다려주며 나를 이끌어준 선생님 덕분에 읽고 쓰기와 줄넘기에서 천천히 실력을 쌓아본 경험은 내 안의 자신감을 키워 주었다"고 회상한다. 또한, 어렸을 때 선생님이 그녀에게 베푼 사랑이 그녀가 은지를 기다려주고, 지켜주고, 사랑한다고 말해줄 수 있는 근원이 되었다고 여긴다. 어려운 시기에 누구를 만나느냐에 따라서 인생이 좌우될 수 있는 인연의 소중함을 깨닫게 하는 감동과 여운이 깊은 글이다.

이성화의 「호랑이 비누」에서 작가는 "1996년 4월 멸종위기종 국제거래협약(CITES)에 제출한 보고서에 남한 지역에 호랑이가 없음을 명시하였다"고 언급했다. 보고서 같은 내용이라 동물 애호가가 아닌 사람들에게는 주목받지 못할 수도 있는 글이 첫 문장부터 예사롭지 않다. "엄마, 호랑이 꺼내 줘!" 하고 아홉 살 꼬맹이 아들의 투정에 이어서 작가는 다음과 같이 설명한다.

수제 비누 속에 호랑이 한 마리가 늠름하게 서 있었다. 동물 장난감이 비누 속에 들어갔다고 생각했는지 아들 녀석은 꺼내 달라고 방방 뛰었다. '이 비누는 어린이들의 위생환경을 해결하고 멸종위기 동물을 알리고자 (…) 만들었습니다'라고 쓰여 있었다. (…) 호랑이는 어쩌면 더 줄어들지도 모른다. 가까운 미래에는 호랑이도 공룡처럼 모형이나 영화로만 만날 수 있는 전설적인 존재가 될 수도 있다.

친구가 비누를 잘라서 호랑이를 꺼내더라는 큰딸의 말을 듣고 작은딸이 비누를 조각내어 호랑이를 꺼내자 막내아들이 호랑이 모형을 들고 좋아하는 모습을 보면서 웃는 엄마와 세 남매의 정겨운 모습을 상상해본다. "어쨌든 우리 집에선 호랑이를 한 마리 구출했다"고 한 작가의 유머러스한 표현이 이 글을 읽는 즐거움을 더해준다. 작가는 인간이 동물들의 서식지를 파괴하고 환경을 오염시키는 것을 염려하며 이를 막기 위해 우리가 할 수 있는 일이 뭘까 하고 고심한다.

문학의 장르 중에서 수필이야말로 독자에게 삶에 대한 깊은 깨달음을 주고 선한 영향력을 미칠 수 있는 실존적 체험문학이라고 생각한다. 앞서간 이들이 남긴 삶의 문신과도 같은 진솔한 수필이 아직 살아보지 않은 나이, 겪어보지 않은 불확실한 미래세대에 대한 내비게이션 역할을 할 수 있는 문학으로 자리매김할 수 있기를 바란다. (한국산문, 2021년 6월호)

관계를 승화시킨 글

18편의 신작을 읽고, 작품 수만큼이나 다양한 글 내용에 몰입되었다. 각기 다른 면에서 여운이 깊은 작품 중 세 편을 택했다. 이 수필들을 통해 독자가 글쓴이의 입장이 되어 무엇이 작가에게 글을 쓰게 하는가를 느낄 수 있는 계기가 되었으면 좋겠다.

이마리나 작가의 「그대 향한 사랑」은 드라마 「장희빈」의 주제곡으로 트로트 가수 김호중이 이 노래를 불러서 청중을 감동시킨 곡이다. 작가가 노랫말과 사극 내용을 절묘하게 조화시켜서 지금까지 장희빈을 증오하면서 봤던 이 드라마를 새로운 각도로 보고 싶게 한다. 다음은 그 가사의 일부다.

하룻밤의 꿈이었던가 / 새벽안개 속에 사라질 // 나의 붉은 치마폭에 안기어 / 동정 끝 입에 물던 님은 // (…) 천하를 가진들 무슨 소용이 있나 / 님의 눈 속에 내가 살 수 없다면 // 오 내가 떠나가도 잊지는 마오 / 그대 향한 사랑만을

파란만장했던 장희빈의 생애가 압축된 가사를 구구절절이 재해석해서 드라마와 주제가를 다시 음미해보게 했다. 드라마에서는 자신의 부귀영화를 위해 인현왕후의 삶을 짓밟은 희빈의 사랑, 욕망, 몰락에 초점을 두었다면, 주제곡은 임금을 사랑한 한 여인의 애절한 심정을 표현한 시보다 더 시 같은 감동을 불러일으킨다.

같은 대상에 대해 어느 관점에서 보느냐에 따라 악녀도 되고 순애보적인 여인이 되기도 하는 모순을 느낀다. 이 양면성이 그녀의 삶을 이루고 있어서 어느 쪽도 부정할 수 없는 작가의 글솜씨가 돋보이는 작품이다.

전효택 작가의 「미워할 용기」라는 제목에 주춤했다. 미우면 그냥 미워하면 되지 무슨 용기까지 필요할까…. 아마도 글쓴 이는 매우 신중하거나 누군가에 대해 부정적으로 언급하는 것을 삼가하는 성향의 작가일 것 같다. 그럼에도 불구하고 그가 미워한 대상은 약자를 전혀 배려하지 않는 지배계층의 위치에 있는 사람이다. 주변 사람들에게는 강력하게 원칙을 지키라고 주

장하면서 정작 본인은 뒤에서 자기 이익만 챙기는 철저히 개인주의적이고 전형적인 내로남불형 인간이다.

작가는 40여 년 전 모교의 조교수로 신규 발령을 받았던 때의 일을 잊지 못한다. 그는 그때 경제적으로 몹시 힘든 상황이었고 어린 두 자녀가 있는 가장이었다. 유학 생활을 하던 중에 발령을 받아서 즉시 출근을 할 수 없는 처지였다.

> 서울의 집에서 12월 중순에 알려오기를 대학의 12월 월급봉투를 학과에서 집으로 전달해 주어 첫 봉급을 받았다 했다. 빈궁한 살림이었기에 아내는 너무도 기뻐하며 이 소식을 내게 전해 왔다. 그런데 수일 후 다시 연락 오기를 그 월급봉투를 학장이 명령하여 다시 회수해 갔다는 전갈이었다.

첫 봉급을 받았다는 기쁨이 순식간에 날아가 버린 것이다. 차라리 애초에 주지를 말 것이지 줬다가 뺏어가는 것은 또 뭔가. 학장은 그가 대학에 한 달간 결근했으니 월급을 회수해서 국고로 반납하겠다고 했다. 작가가 발령을 받았을 때는 대학이 겨울방학 기간이라 강의 과목도 없었고 외국의 대학 연구실에 체류하고 있어서 제날짜에 출근할 수 없는 불가피한 상황이었다. 조교수 신규채용 직전의 어려운 경제적 형편을 누구보다 잘 알고 있는 학장이 그를 다른 방법으로라도 선처해주고 도와야 했을 것이다. "책임자는 맡은 조직의 식구들을 관리하고 배려할 줄 알며 인격적으로도 부하 직원과 한 조직을 책임질 줄 아는 인사여야 한다고 믿고 있다"고 작가는 언급했다. 이런 경우를 어떻게 견디어낼 수 있었을까 하고 작가의 심정이 되어 가슴을 쓸어내렸다.

이하재 작가의 「비는 내리고 길은 막히고」라는 제목은 내용을 안 읽었어도 글쓴이의 착잡한 심정이 전해진다. 글 제목을 왜 잘 써야 하는지에 대한 중요성을 일깨워준 글이며 택시기사의 애환을 다룬 작품이다. 비가 추적추적 내리던 금요일 오후, 병원에서 70대 중반쯤의 여자 손님을 태웠다.

> 옆자리에 앉아계신 손님은 여유가 없고 불만스러운 표정이었다. "병원에 갈 때는 구천칠백 원 나왔는데…. 왜 돌아오는 거유? 아침에 왔던 그 길이 아닌디 아 빨리 가유!" 손님으로부터 돌아서 간다는 말을 들으면 막히는 길보다 더 가슴이 답답해진다. (…) 요금을 더 받으려고 반대 방향으로 갔다가 돌아서 온 것이라고 찰떡같이 믿고 있다.

퇴근 시간이라 길이 막혀 노선을 바꾸자 그 손님이 불평한 것이다. 택시 요금은 거리와 시간의 병산제라 같은 거리를 운행해도 차량 정체 시간에 따라 요금 차이가 나는 것을 그 손님은 모른다. 돌아왔다고 박박 우기는 손님을 이해시키는 일은 난망하다.

작가의 말대로 기껏해야 5,000원을 받느냐 못 받느냐, 주느냐 마느냐 하며 마음 졸이는 택시기사나 그 손님이나 안타깝기는 매한가지였다. "서로 믿었더라면 한 시간의 동행이 행복한 여행이었을 것을…. 밤비는 그치지 않고 사선을 그으며 차창을 때렸다"는 문장에서 그의 서글픈 심정이 고스란히 느껴진다. 상대방을 믿어주는 것이야말로 서로의 관계를 원만하게 유지하는 필수조건이라는 것을 상기시켜준 글이다.

이 밖에도 박미정 작가의 「지붕 위에 소, 집 안에 소, 하늘에 소」라는 글에서 홍수가 났을 때 힘이 센 말은 자신의 힘을 믿고 물살을 거슬러 가려다 힘이 빠져 죽고, 헤엄이 서툰 소는 물살에 몸을 맡기고 떠내려가며 조금씩 뭍으로 나가 목숨을 건진다는 우생마사牛生馬死라는 말이 실감 나는 글이다.

매월 『한국산문』에 실리는 신작들을 통해 작가들의 다양한 삶의 연륜을 접하게 되고 새로운 사실들을 터득하기도 하니 독자로서 이보다 더 좋을 수 없다. 글 읽기를 통해 타인의 세계를 이해하게 되고 견문을 넓힐 수 있는가 하면, 글쓰기는 내 안의 나를 구체적으로 표현하는 방법이니 문학이야말로 인간 구원을 위한 진정한 창작예술이라 하겠다. (한국산문, 2021년 8월호)

자기 성찰의 문학

　문장의 완성도가 높은 작품일수록 잘 지은 집과 같다. 『한국산문』 2021년 10월호에 실린 스물한 편의 신작을 통해 괄목할 만한 주제의 참신성과 솔직한 문장에 심취했다. 그중 박경임의 「연애 한번 어때요?」, 정길생의 「위기에서 얻은 교훈」, 이명환의 「유쾌하게 빌었다」에 대한 내용을 살펴보고자 한다.

　「연애 한번 어때요?」는 박경임 작가가 「죽여주는 여자」라는 영화를 본 후 쓴 수필이며 노인의 성과 죽음에 관한 얘기다. 주인공인 소영은 종로3가와 파고다 공원 주변에서 노인들에게 몸을 파는 일명 박카스 아줌마였다. 그녀는 정말 죽여준다는 소문이 날 정도로 인기가 있었다. 이 '죽여준다'라는 중의적 표현은 소영에게 늘 후히 대해줬던 한 노인이 뇌출혈로 병원에 입원해서 병문안한 것이 계기가 된다.

"사는 게 창피해, 죽고 싶어. 나 좀 도와줘" 하며 눈물을 흘린다. 그녀는 평소 깔끔하고 멋지던 그가 누워서 대소변을 해결하고 간병인이 없으면 아무것도 할 수 없는 모습에 그를 도와주기로 하고 농약을 사서 그의 입에 들어붓는다. 이렇게 시작한 죽음 조력자로서 그녀는 치매가 점점 심해져 돌봐줄 사람 없는 또 다른 노인을 절벽에서 밀어버리고, 아내의 제사를 지내고 그녀를 찾아와 더는 외롭게 사는 것에 자신이 없다는 한 남자와 화려한 호텔 방에 같이 누워 수면제를 먹지만 남자는 죽고 그녀는 일어나게 된다. 그녀는 이렇게 세 사람의 남자를 죽여주는 여자가 되었다. 병마와 외로움을 견디지 못해 죽음을 선택한 그들을 도와준 것이다.

이 영화에서 소영이 마지막으로 죽여준 남자는 그녀에게 이젠 그 짓도 못 하니 남자 인생이 끝났다고 말한다. 꼭 성관계를 못 하게 되어 인생이 끝났다는 건 아닐 것이다. 몸이 본능을 따라주지 않는 데서 오는 괴리감이 그가 생에 대한 자신감을 잃게 한 것이리라. 작가는 '그들에게 마음을 다해 곁에 있어 줄 누군가가 있었다면 어땠을까?' 하고 독자가 잠시 생각하게 한다.

살기 위해 박카스 아줌마가 될 수밖에 없었던 소영 같은 여자와 노인이지만 성에 대한 욕망은 살아있는 남자가 만나 치르는 정사. 노년에 이를수록 지성이나 이성이 주는 행복감보다는 본능적인 욕구충족에 의한 행복감이 더 큰 비중을 차지하는 것 같다.

백세 시대를 살면서 노인들의 성 문제를 추하다고 치부할 게 아니라 이젠 양지로 끌어내어 이해받아야 한다고 작가는 말한다.

정길생 작가의 「위기에서 얻은 교훈」은 제목처럼 참으로 교훈적인 글이다. 그는 질병과 장애로 평생 고통받는 많은 사람 중 한 사람이다. 대학 재학 시절의 폐결핵 치료, 간암 수술에 이어서 설암 수술로 혀의 삼 분의 일을 잘라내야 했다. 다시 암세포가 전이되어 림프샘 일부를 제거하는 대수술을 받고 스물다섯 번에 걸쳐 방사선 치료를 받았다. 그랬음에도 불구하고 재발의 위험성은 여전히 남아있는 상태다.

그는 수술과 치료를 반복하면서도 해외에서 대학원 학위 과정을 이수했고, K 대학 총장, 한국과학기술한림원 원장 등과 같은 중책도 차질 없이 수행했다. 그러나 설암 수술 후 그는 언어 장애인이 되어서 그의 직책들을 모두 스스로 내려놓는다.

나는 교수로서 비교적 명쾌한 발음과 말솜씨로 강의를 잘한다고 칭찬받으며 살아왔다. 그랬던 내가 어느 날 갑자기 언어 장애인이 되어 정상적인 사회활동을 할 수 없는 심각한 위기에 직면하게 되었다. 이처럼 예고 없이 찾아온 위기가 나에게 의미하는 바가 무엇인지를 두고 나는 많은 생각을 해보았다. (…) 숙고 끝에 내가 찾아낸 일은 생각을 말로 표현하는 대신 글로 써서 발표하는 작업이었다. (…) 내 나이가 이미 여든을 넘었으니 글 쓰는 작업을 새로 시작하기에는 너무 늦었다는 지인들의 지적을 부인하지는 않는다. 그러나 고목에도 잎이 돋고 꽃도 피듯, 내 여생의 모든 열정을 쏟아부어 인생 고목의 가지 끝에 문인이 되고 싶다는 소싯적부터의 꿈을 다시 한번 펼쳐볼 생각이다.

작가는 중학생 때부터 문인이 되겠다는 꿈을 품었고 습작소설도 몇 편 쓴 적이 있다. 그 후 사십여 년 동안 문학과는 관계가 먼 생명공학자로서의 분망한 삶을 살아왔다. 그런 중에도 마음속에 접어둔 문학에 대한 미련을 버린 적은 한 번도 없었다.

지금도 그는 간암에다 설암까지 겹쳐 생존을 위협받고 있다. 그러나 그는 자신이 겪고 있는 위기가 결코 불길한 징조라고 생각하지 않는다. 오히려 더 보람 있고 행복한 앞날을 예고하는 행운의 전조라고 믿고 있다. 내일 일을 알 수 없는 위태로운 상황에서도 이 얼마나 멋지고 긍정적인 인생관인가. 그에게 열렬한 응원의 박수를 보낸다.

이명환 작가의 「유쾌하게 빌었다」는 이 글의 소제목이기도 한 '은수저로 만든 예수 고상苦像'을 만들어가는 과정을 쓴 수필이다. 이 십자고상은 작가가 시집올 때 가져온 은수저로 남편인 성찬경 시인이 직접 만든 걸작이다. 1960년대 말에 완성한 작품에 대해 그 작업과정을 눈으로 직접 보는 듯한 느낌이 들 정도로 섬세하고 실감 나게 표현했다. 글 내용에서 묻어나는 작가의 남편에 대한 애틋한 정이 잔잔한 감동으로 울림을 주는 글이다. 다음은 성 시인이 십자고상을 만들면서 쓴 「유쾌하게 빌었다」의 시 일부를 옮긴 내용이다.

> 유쾌하게 빌었다/파쇠 긁어모아 새사람(鳥人) 만들 때/산소땜 하는 불 들여다보며/그 퍼런 불꽃에서 태어날 날개가/날을 불가지不可知의 공간을 그려 보며/유쾌하게 빌었다.
>
> — 성찬경 시 「유쾌하게 빌었다」 일곱 연 중 둘째 연

2016년 작고한 남편의 3주기 제삿날, 종로에 있는 '백악동부'에서 생전에 그가 만든 오브제들을 모아 성찬경의 「응암동 물질고아원」 전을 열었는데 성대한 전시회가 되었다. 8주기에는 '엄 뮤지엄'에서 「성찬경 오브제 전」을 기획했다.

시인이며 교수인 그가 여름 방학이면 땀을 뻘뻘 흘리며 쇠 톱

질과 납땜, 그리고 뭔가를 두드려서 작품을 만들곤 했다. 그러는 아들을 바라보며 "쟤가 시時에 천역성天驛星을 타고나서 가만히 있지를 못한다"고 안쓰러워한 시어머니의 말을 통해서도 남편의 생애를 회상한다.

그의 은수저가 예수고상이 되어가는 과정을 옆에서 지켜보면서 작가야말로 '불가지의 시공時空을 향해 유쾌하게 빌었던' 50여 년 전 그날을 상기하게 된다며 글을 맺는다.

지금까지 살펴본 세 작품 중에는 현실을 직시하고 문제의식을 제기하며 이에 대한 방향 제시를 하는 내용이 있는가 하면 글쓴이의 교훈적인 삶이 녹아있는 내공이 깊은 글도 있고, 작고한 남편의 행적을 기리는 회고형식의 글도 있다. 서로 다른 내용이나 한 가지 공통점은 작가마다 주제에 대한 깊은 사유와 성찰의 과정을 거쳐서 쓴 점이라 하겠다. (한국산문, 2021년 10월호)

3부

자유로운 영혼을 위한 문학 장르
— 한국산문 월평 II

작가의 삶이 투영된 수필

　수필은 글쓴이의 삶과 인생관이 오롯이 드러나는 정직한 문학이다. 좋은 수필은 삶을 잘 살아온 결과라고 해도 과언이 아닐 것이다. 임길순의 「그네 탄 송사」, 이민옥의 「대를 이어 갚는 이자」, 김정희의 「어머니의 금성냉장고」를 중심으로 주제를 살펴보고자 한다.

　임길순 작가의 「그네 탄 송사」는 남편이 경제적으로 치명적인 위기에 처했을 때 아내가 참으로 지혜롭게 대처한 가슴 뭉클한 글이다.
　주식으로 한때 재미를 본 남편이 전 재산과 신용대출까지 받아 몽땅 투자한 상태에서 IMF로 경제 위기를 맞았다. 설상가상으로 그가 건물 공사를 했는데 건물주가 돈을 주지 않아 평정심을 잃은 상태였다. 그는 지인에게 누가 공사비를 받아주면 그

돈의 얼마라도 주고 싶은 심정이라고 하소연한 것이 화를 자초한 결과가 되고 말았다. 그 지인은 동네 사람에게 그 말을 했고 그 말을 들은 사람은 건물주를 협박하기에 이르렀다. 그러자 건물주는 맞지도 않았는데 폭행당했다고 병원에 입원했다. 이렇게 해서 남편이 어느 날 갑자기 조폭이라는 구설수로 기관에서 조사를 받으러 오라고 시도 때도 없이 전화가 걸려왔다.

> 밤이면 우황청심환을 먹고 잠자리에 들었지만 두세 시간도 못 자고 일어나 아파트 베란다에 멍하니 서 있었다. 우리 가족은 하늘 높은 줄 모르고 뛰어오른 그네 하나에 모두 올라탄 격이었다. (…) 그네는 다시 심하게 흔들렸고 앞으로 힘차게 날아올랐던 그네가 뒤로 갈 때처럼 명치가 서늘했다. 조물주 위에 건물주라는 말이 실감 났다.

평소에 세금 고지서도 빨리 내라고 독촉하는 남편이었고 정말 바르게 살아왔는데 조폭으로 몰리게 된 것이다. 아내는 어떻게든 부부가 성실하게 살아왔다는 걸 증명하고 싶었다.

그녀는 결혼 전부터 오랫동안 보육원에 있는 한 아기를 후원하고 있었다. 성인이 될 때까지 그 아이를 후원했고 영수증을 계속 보관해놓은 것이 있었다. 남편이 다시 조사를 받으러 갈 때 아내는 그 봉투라도 조사관에게 보여줘서 부부가 참 바르게 살았다는 증명이 되기를 바랐다. 조사를 받던 날 그는 "집사람이 이거라도 갖다 주라고 해서…"라며 누런 봉투를 내밀었다고 한다. 그 후로 다시 조사받으러 오라는 연락이 없었다.

가정이 조금씩 안정을 찾게 되자 남편은 만약에 내가 조금이라도 잔소리를 했으면 아마 자기는 아파트 10층에서 뛰어내렸을지도 몰랐다며 통 크게 잔소리하지 않은 나에게 고마워했다.

주변에서 돈 문제로 가정이 파탄 나는 경우를 우리는 흔히 보아왔다. 이 부부야말로 암수의 눈과 날개가 하나씩이라서 짝을 짓지 않으면 날지 못한다는 비익조比翼鳥처럼 남은 생도 서로의 버팀목이 되어 살아가리라 믿는다. 삶의 우여곡절을 그네에 비유해서 쓴 참신한 글이다.

이민옥 작가의 「대를 이어 갚는 이자」는 제목부터 독자에게 궁금증을 일으킨다. 내용 면에서도 주제를 처음부터 끝까지 원만하게 구사한 완성도 높은 글이다.

술 좋아하고 마음 약한 아버지가 보증을 잘못 서준 바람에 집과 전답을 다 날려버렸다. 작은오빠가 겨우 걸어 다닐 때 조그만 초가로 이사했고 극심한 가난에 쪼들렸다. 그 오빠가 고등학교 입학 때가 되었으나 등록금을 마련할 길이 없었다. 엄마 입장에서 보면 술만 마셔대는 아버지는 경제력이 전혀 없는 남편이었다. 어머니는 어떻게든 애들 고등학교는 졸업시켜야 한다고 생각했지만, 돈을 빌릴 수도 없었다. 갚을 능력이 없는 집에 누가 돈을 빌려주겠는가.

그래도 좀 여유 있게 사는 집에 가서 사정해봤으나 역시 돈이 없다고 해서 돌아서는데 그 집 어른이 잠깐 기다리라고 했다. 그는 집을 나가면서 자기가 올 때까지 기다려보라고 했다. 이윽고 그가 돌아와서 신문지에 싼 돈을 엄마에게 내밀었다.

"내가 쓴다 카고 빌려온 돈잉께 나중에, 아주 나중에 돈이 생기면 갚으면 됩니더. 그 집에는 내가 돈을 갚을 낑께 부담 갖지 말고 천천히 갚으소. 다른 일도 아이고 애 공부시킨다는데 우쨌든 구해야제." 엄마의 사정을 안타깝게 생각한 그분은 본인이 쓸 거라고 이웃집에 가서 빌려다가 주셨던 것이다. 아무런 담보도 없이, 갚아야 하는 기한도 정해놓지 않고 말이다.

작가는 엄마에게서 들었던 얘기를 딸에게 들려주었다. 아버지의 기일에 음료수를 사러 나가는데 엄마는 꼭 성우슈퍼에서 사 오라고 했다. 집 앞 슈퍼 사장이 옛날에 돈을 빌려준 사람의 아들이라는 걸 알게 된 후 "그 슈퍼는 엄마와 나의 뒤를 이어 딸

아이의 단골집도 됐다"고 했다. 이 얼마나 어려웠던 시절의 가슴 훈훈한 얘기인가.

　김정희 작가의 「어머니의 금성냉장고」는 오래된 냉장고를 매개로 해서 딸과 작가와 어머니와의 애틋한 관계를 잘 표현한 글이다. 어느 날 오래된 냉장고가 고장 나서 바꿔야 했다. 여기저기 알아보기도 번거롭고 해서 딸에게 어떤 게 좋은 건지 물었는데 딸이 기꺼이 냉장고를 좋은 것으로 사주겠다는 말에 가슴이 울컥했다. 문득 20년도 넘게 사용했던 친정어머니의 금성냉장고를 생각한다.

> 결혼 뒤 생업에 쫓기면서 틈내어 어머니네 집에 들르는 게 무척이나 힘들던 때였다. 명절이 가까워져, 잠깐 어머니 집에 들렀을 때 기억조차 희미한 금성냉장고(옛 LG)가 그대로 주방에 자리하고 있었다. 성능이 다 한 냉장고는 냉동실의 불은 들어와 있는데, 냉동 기능은 안 되고 두꺼운 얼음으로 꽉 차 있어 소리가 심하게 났다. (…) 나는 목이 메어 말을 잇지 못했다.

　그 후 냉장고를 새로 사 드리고 종종 밑반찬과 건어물을 냉동실에 넣어 드리곤 했으나 한 끼 식사도 같이 못 하고 돌아가는 자신의 뒷모습을 어머니는 골목을 빠져나갈 때까지 계속 지켜보고 계셨다. 돌아가신 지 20년 세월이 흘렀다. 딸이 에어컨도 바꿔 주겠다는 전화 연락을 받고 그녀는 "딸이 나를 생각해 주는 고마움에 비하면 나는 어머니에게 어떤 딸이었을까?" 하고 자신에게 묻는다.

세 편의 작품을 살펴봤다. 작가 나름대로 최선을 다해 쓴 글에 대해 평을 한다는 것이 얼마나 어려운 것인가를 갈수록 더 느낀다. 나의 주관적인 결론이기 때문일 것이다. 같은 주제에 대해 어떤 이는 전혀 다른 견해가 있을 수 있는 문학의 다양성이 나는 좋다. (한국산문, 2021년 12월호)

휴머니즘의 회복을 위하여

수필은 인간의 삶 자체를 중요시하고 능력과 성품 그리고 현실적 소망과 행복을 귀중하게 생각하는 문학이다. 『한국산문』 2022년 2월호에 실린 열여덟 편의 작품을 통해 작가마다 삶의 현장에서 길어 올린 진수를 음미할 수 있었다. 그중에서 최화경 작가의 「나의 고도Godot를 기다리며」, 이수연 작가의 「'상놈'의 집안인가?」, 민경숙 작가의 「선물」을 중심으로 수필을 수필답게 하는 것은 무엇인가를 재조명해보고자 한다.

다음은 바쁘게 사느라고 '살아있는 진행형 사랑'에 대해 생각해볼 겨를이 없었던 최화경 수필가의 「나의 고도Godot를 기다리며」에 대한 내용의 일부다.

드라마를 보면서 대리만족하는 그런 사랑 말고 실제 사랑은 내게 정녕 없는 것일까? 자진해서 포로가 될 수밖에 없는 운명적 사랑. 그리도 평생토록 추구해왔던 안전한 사랑의 울타리를 박차고 나가 불나방처럼 불 속으로 뛰어들 위태로운 사랑. 그 사랑을 한번 그려본다.

한 번쯤 치명적인 사랑에 불타오르고 싶은 중년여성의 위태로운 사랑에 대한 욕망을 솔직하게 표현한 글이다. 마치 내 마음을 들킨 것 같은 공감을 불러일으키는 내용이다. 가식 없는, 날것 그대로의 생각을 고백한 것 같아 가슴에 꽂히는 문장이다.

작가는 "내 생애에 낭만적 사랑이 존재하긴 했는지 가물가물하다. 사랑은 결혼 후 시작하는 것이라 여기며 지나치게도 안전한 사랑을 추구하느라 내 이십대는 제대로 된 실습 한번 없이 그렇게 허망하게 낭비되어 버렸다"고 했다. 글 전체 내용을 통해 보면 작가는 안전한 사랑과 결혼생활을 위해 자신이 정한 경계선 밖을 넘보지 않고 성실하게 살아온 사람이다. 그토록 최선을 다해 살아온 삶에도 회한이 남는 것이 인생인가 하고 생각하게 하는 글이다. 생의 어느 나이에 이르면 담 너머 저쪽의 삶도 기웃거려보고 싶은, 가지 않은 길에 대한 미련이 있기 마련인가 보다.

그녀는 요즘 JTBC의 드라마 「멜로가 체질」 같은 젊은 작가들이 남자 주인공들을 통해 대리만족시켜주는 섬세하면서도 달달하며 위트 넘치는 대사들을 즐긴다. 거기다 때맞춰 분위기를 살려주는 배경음악을 통해 쭉정이처럼 말라가던 자신의 연애 세포의 섬모들을 깨운다.

  작가는 "백세 시대라니 내 인생에도 늘그막에 축제처럼 다가올 그런 사랑 하나쯤 어디 있을지 모르겠다. 나라고 해서 옴므파탈로 다가오는 그 사랑에 내 남은 삶을 불사르지 말란 법이 어디 있겠는가" 하고 글을 맺는다.

  이수연 수필가의 「'상놈'의 집안인가?」에 대한 글은 아파트에 살면서 흔히 겪게 되는 이웃집의 소음공해에 대한 문제를 부부가 어떻게 지혜롭게 해결해 가는지 보여주는 좋은 일례다. 말을 할 때, 상대방을 배려하는 마음이나 진정성 있는 말투, 말하는 속도나 톤에 따라서 듣는 이가 잘 받아들이거나 그렇지 못한 경우가 있다. 글에도 글투가 있어서 내용은 같아도 어떤 식으로 표현하는가에 따라서 결과가 판이해지곤 한다.

  작가가 사는 아파트 위층에 살던 사람들이 이사했다. 그곳에 살게 된 지 5년이 지났지만, 윗집에 누가 사는지 모르는 채 별다른 문제 없이 지냈다. 그런데 어느 날 윗집이 새로 이사를 왔다는 걸 알게 되었다. "쿵쿵, 와르르르, 쾅." "콩콩콩콩콩." 밤 8

시가 지나면 육중한 어른의 '발망치' 소리가 더해져 밤 11시가 넘어도 그치지 않았다. 계속 참고 지내다 두 달이 되어 갈 때쯤 남편이 윗집에 전할 말을 A4 용지에 빼곡히 적고 끝에다 "민형사상 등 일체의 책임을 묻겠다"라고 썼다. 아내인 작가는 그대로 하면 사태가 더 악화될 것 같아 내용을 수정했다. 사실관계는 그대로, 어조는 완곡하게, 그리고 문장을 추가해서 강조했다. "아파트에 산 지 20년이 넘었지만, 윗집에 이런 편지를 보내는 것은 처음이니, 저희가 유난히 민감한 건 아닌 것 같습니다" 하고 고친 내용을 이웃집에 전달한 결과 신기하게도 하루 아침에 모든 소음이 사라졌다. 그녀의 남편이 웃으며 "상놈의 집안은 아닌가 봐" 하고 말했다. 사소한 일 같으나 부부의 아름다운 조화를 이룬 원만한 글투에 대한 좋은 결과여서 귀감이 되는 글이다.

민경숙 수필가는 「선물」이라는 글을 통해 다음과 같이 언급했다.

> 사물도 오래되면 고유한 혼을 갖게 되는 것이 아닐까. 더구나 선물은 자신의 몸속에 그것을 준 사람이 떠오르도록 내장되어 있다. (…) 그 빈 책은 고모부를 대신하여 내게 긴히 전해야 할 마

지막 당부가 있는 것인지 모른다. 내가 그냥 붙잡고만 살고 있었던 것이 무엇인지 알려주고 싶은 깊은 속내라도 있는 것인지도 모른다.

그녀의 문장은 내공이 깊고 심오하다. 많은 생각과 해석과 그리고 깊은 통찰력이 필요하다. 어느 한 가지로만 해석할 수 없는 복합적인 의미와 상징성이 있다. 글의 얼개가 탄탄해서 수필의 진가를 보여주는 글이다. 작가는 막내 고모네 집에서 고등학교에 다녔다. 고1 때 유부녀였던 고모의 부탁으로 연애편지를 대필해준 사건으로 인해 고모부를 배신한 양심의 가책을 느끼며 살았다. 어느 날 고모부가 그녀에게 두툼한 책을 선물했다. 그런데 책을 열어보니 아무런 글자도 없는 빈 책이었다. 그녀가 말하지 않아서 고모부는 그 사실을 모른다. 그 책은 묵직한 존재감을 지닌 채 몇십 년 동안 그녀의 소지품 중에 들어있었다. 고모부에 대한 참회의 발로였을까. 그녀는 그 책에 일기를 쓰기 시작했고 "반성문 쓰기 딱 좋은 책이다" 하고 글을 맺는다.

이번 호에 실린 글들은 각자의 현실을 들여다볼 수 있는 내용이었다.

김혜숙 작가의 「세상의 모든 빌리를 위하여」는 아들의 꿈을 위해 신념을 버리는 아버지의 헌신. 재능 있는 제자에게 희망의 불씨를 전하는 교사. 그 불씨를 살려내려고 질주하는 빌리. 용기를 북돋는 어머니 등 역대 최고의 걸작이라고 할 수 있는 뮤지컬을 간접 체험할 기회를 제공한 감명 깊은 글이었다.

　김순경 작가의 「눈대목」에서는 '사람이 천 냥이면 눈이 구백 냥이다'라는 말이 있다고 했듯이 눈의 중요한 역할에 대해 일례를 들어가며 피력해서 울림을 주는 글이었다. 잃어버린 지갑을 찾았을 때의 기쁨을 표현한 글과 자식에 대한 헌신적인 모성애를 느낄 수 있는 우수한 작품들도 있었다. 그런가 하면 COVID-19로 인해 생계 문제에 심각한 타격을 입고 있는 현실과 거리 두기로 신앙생활을 제대로 할 수 없는 중에도 이 어려운 시기가 어서 지나가도록 희망을 품게 하는 글들을 썼다. 이 외에도 '죽음'에 관한 문제 등 인생의 희로애락을 글로 표현한 작품들이 한데 어우러져 2월의 알찬 『한국산문』이 되었다.

(한국산문, 2022년 2월호)

자유로운 영혼을 위한 문학 장르

 이젠 수필도 소재의 폭을 넓혀서 뭐든지 자유롭게 써야 한다. 전위적이든 모험적이든 또는 전통적이든 쓰는 방법에 구애받지 않고 잘 쓰면 된다.

 박윤정의 「적어도 흠 잡히지 않도록」, 김숙의 「관상보다 밥 한 그릇」, 김영도의 「초보의 터널」을 통해 수필의 흐름을 가늠해보고자 한다.

 「적어도 흠 잡히지 않도록」은 박윤정 작가의 성품이 고스란히 드러난 글이다. "사람을 만날 땐 반가운 마음, 보고 싶은 마음이 내가 가진 유일한 준비물이고 채비였다"고 한 그녀는 "그러나 내가 그 어떤 기특한 마음으로 나가든 결국 나의 차림새가 먼저 상대방에게 말을 한다"고 언급한다. '허름한 옷을 입으면 사람들은 옷을 기억하고, 흠 잡힐 데 없이 옷을 입으면 사람들은 그 여자를 기억한다'는 코코 샤넬의 말을 인용해서 이 글의 핵심을 넌지시 암시해준다. 드라마 「시크릿 가든」에서 유독 그녀의 뇌리에 인상 깊게 남아 있는 대사는 "나에 대한 배려가 조금이라도 있었다면 나오기 전에 한 번 정도는 자신을 점검했어야지!"였다. 작가는 그녀의 부끄러운 옛 기억을 다음과 같이 소환한다.

> 제법 많이 가까워졌다고 생각했던 어느 토요일의 데이트 후 맞이한 월요일 점심시간에 그가 회사 근처로 찾아왔을 때, 반가운 마음에 나는 스웨터 차림에 사무실에서 신던 슬리퍼를 신은 채 급한 걸음으로 뛰어나갔다. 약속 장소에서 기다리던 그의 표정에 흠칫 놀라던 기색이 내비쳤다. 아, 슬리퍼를 '끌고' 나오다니….

"글 한 편을 놓고도 쓴 사람의 의도와는 전혀 다른 해석들이 얼마든지 나올 수 있으며 호불호가 갈리기도 다반사다. 결국 읽는 사람 마음인데, 나의 외양도 그런 해석 대상이라고 생각한다"고 덧붙였다. 그녀가 잊지 않으려는 '배려'와 '점검'에 대하여 많은 생각을 하게 한다.

「관상보다 밥 한 그릇」은 어렸을 적 김숙 작가의 운세가 "밥은 먹고 산다"더라는 내용으로 시작된다. "이 밥에 대한 에피소드가 떠오른 건 임헌영 교수의 글 「팔자 고치는 비결은 친구들과 밥 맛있게 먹기」를 읽으면서였다"라고 언급하면서 그의 글을 자연스럽게 인용한다.

1980년 뜻하지 않게 영어의 몸이 되었던 임 교수는 옥중에서 사주책을 비롯해서 『관상보감』, 『난보쿠 상법(南北相法)』 등을 주문해 파고들었다. 그가 동양철학에 열중한 데는 백범 김구의 『백범일지白凡逸志』 영향이 컸다. 그는 백범의 지향점이 되었고 그로써 백범이 팔자를 고쳤다는 『마의상법麻衣相法』을 연구하게 되었다. 요컨대 "아무리 사주팔자와 관상을 잘못 타고 나도 몸을 튼튼히 다지고 마음보를 아름답게 수련하여 사람들과 더불어 살기를 도모하면 어떤 액운도 물리칠 수 있다는 것이다. 그가 내린 나름의 운명론은 "좋은 친구들과 의기투합해서 잘 먹는 것"이 팔자를 고치는 비결이라며 다음과 같은 명언을 전한다.

> 상 좋은 것이 몸 좋은 것만 못하고(相好不如身好) / 몸 좋은 것이 마음 좋은 것만 못하다(身好不如心好) / 마음 좋은 것은 덕을 쌓는 것만 못하다(心好不如德好) / 덕 쌓은 것도 잘 먹는 것보다 못

하다(德好不如食好)

- 임헌영, 『문학의 길 역사의 광장』, p482. 『수필과비평』 2020년 6월호, p50

　작가가 초등학교에 들어가기 전후쯤에 들었다는 '밥은 먹고 산답니다'라는 말에 어린 소견에도 '아무려면 밥도 못 먹고 살까 봐?' 하는 반감이 들었고 '그런 말은 나도 하겠다' 아니 '밥 못 먹고 사는 사람이 어디 있어?'라며 그 말을 무시했을 것이다. 그러나 살면서 밥을 잘 먹고 살기가 얼마나 힘든 일인가를 겪어 봤고, 운명의 힘이 인간의 의지보다 강할 수 있음도 그녀는 느끼게 된다. 이렇듯 생의 우여곡절을 겪은 후에야 그녀는 "팔자 고치는 비결의 공식을 새기며 관상보다 친구들과 밥 한 그릇 맛있게 먹는 일을 모색해 봐야겠다"고 글을 맺는다.

　이 글을 읽다 보면 작가에 관한 글로 시작해서 임 교수의 글을 소개하기 위해 쓴 글 같기도 하나 그만큼 작가의 생각과 그의 글이 일치하는 까닭이겠다. 살면서 어쩌면 누구나 겪게 되는 엄혹한 시기일수록 어떻게 살아야 하는가에 대한 답이 그의 글에 실린 까닭이리라. 삶의 지혜를 구하는 작가의 긍정적인 자세가 독자에게 본보기가 되는 글이다.

　김영도 작가의 「초보의 터널」은 아들이 잘되기를 바라는 어머니의 애틋한 마음을 절제된 문장력으로 잘 표현한 글이다. 다음 문장은 바다를 항해하는 아들을 둔 어머니의 심정이 고스란히 느껴지는 구절이다.

> 내 삶에 바다가 들어왔다. 아들이 떠 있는 바다는 더 이상 한 폭의 그림이 아니었다. 그리움과 걱정이 뒤섞인 바다는 고요하지 않았다. 무심코 흘러들었던 해상 날씨에 민감해졌고, 태풍 소식에 애를 태우는 시간이 잦아졌다. 밀물과 함께 그리움이 몰려왔고, 썰물과 함께 가슴이 텅 비었다. 칠흑 같은 밤하늘에서 쏟아지는 별 사진을 아들이 보내왔다. 한 점의 불빛도 없는 난바다에서 파도와 함께 출렁이는 아들의 밤하늘이 내 시간을 메꿨다.

그녀에게 바다는 휴가 때 놀러 가는 곳, 단지 풍경으로 머무는 곳이지 삶과 관련이 없는 낯선 곳이었다. 그런데 열여섯 살 어린 아들이 국립부산해사고등학교로 진학하게 되었다. 엄마는 아들을 떠나보낼 마음의 준비가 전혀 되지 않았으나 자식의 뜻을 따를 수밖에 없었다. 재학 중에 아들이 흡연하다 걸려서 한 달간 기숙사 퇴소 조처가 내려지는 우여곡절을 겪기도 했으나 졸업 후 해운회사의 정직원이 되어 두 해째 배를 타고 있다.

일 년에 두 달 정도의 휴가로 육지를 밟고 나머지는 배에서 인생 초보의 길을 겪고 있다. 갓 운전면허를 딴 아들은 '초보운

전'이라는 글씨를 커다랗게 붙이고 운전 연습 중이다. 어느새 아빠보다 넓어진 아들의 듬직한 어깨를 바라보는 엄마의 마음은 흐뭇함과 동시에 기도하는 마음이리라. 그녀는 아들이 살면서 한 치 앞을 볼 수 없는 터널을 맞닥뜨리게 될지라도 두려워하지 않고 핸들을 놓치지 않는다면 무사히 터널을 빠져나갈 수 있으리라고 믿는다. 아무쪼록 자식에게 밝은 미래가 열리기를 비는 작가의 소원이 이 세상 모든 어머니의 염원처럼 공감이 가는 글이다. (한국산문, 2022년 10월호)

마음을 보여주는 거울

　수필은 작가의 내면세계를 비춰주는 거울이다. 스물한 편의 글을 읽고 그 다양성 중에서도 한 가지 공통점을 느낄 수 있었다. 한 편의 글을 통해 한 번도 만난 적 없는 작가의 정신적 속뜰을 마주할 수 있는 신선함은 수필에서만 느낄 수 있는 특징이다.

　이번 호에서는 윤성자의 「그 사람 덕분」, 이정화의 「Roshan」, 한카타리나의 「범 내려온다」를 중심으로 작가가 독자에게 무엇을 전하려고 했는지 살펴보고자 한다.

　윤성자의 「그 사람 덕분」이라는 글은 작가가 30년 전 아들의 대학 입학시험장에서 우연히 만나 알게 된 여자에 관한 내용이다. 어느 날 그 여자가 시를 배우게 된 동기를 작가에게 털어놓는다. 그녀의 남편이 대학 다닐 때 자신의 외모를 보고 쫓아다녔으나 초등학교만 졸업한 자신의 처지를 생각해서 수없이 거절했으나 그가 대학을 졸업하자 두 사람은 결혼하게 되었다. 초기에는 순탄한 결혼생활을 하게 되었으나 그들의 생활은 다음과 같이 변해갔다.

> 언제부턴가 부부 모임이 있을 때면 남편은 자신에게 아이나 돌보고 집에 있으라고 했다고 한다. 어쩌다 동행하는 날이면 남편 친구 부인들과 대화해도 왠지 낯설고 불편했다. 시간이 갈수록 남편은 술을 자주 마시고 들어와 답답하다며 트집을 잡더니 결국은 손찌검까지 갔다. (…) 검정고시 학원을 찾아 중학교 공부부터 시작했다. 그리곤 시 공부를 하면서 처음에는 남편에 대한 원망의 마음을 써 내려가기 시작했다. 그런데 시를 쓰면 쓸수록 원망보다는 자신을 찾아야겠다는 생각이 더욱더 깊어졌다. (…) 세월이 흘러 중학교, 고등학교, 대학교에 차례로 입학하였고 시 낭송도 하면서 그녀는 남편의 행동에 별 신경을 쓰지 않고 살게 되었다.

그녀가 대학을 졸업할 무렵 시 낭송 행사가 있어서 남편에게 지인이 시 낭송을 하는데 꼭 와달라고 부탁했다. 그녀는 화장을 정성껏 한 후 멋진 드레스를 입고 무대에서 화려한 조명 아래 시 낭송을 했다. 남편은 시 낭송을 하는 그 아름다운 여인의 목소리가 아내와 목소리가 똑같아서 이상하게 생각했다. 그녀는 시 낭송을 마친 후 그동안 자신이 공부하게 된 동기와 시를 쓰게 된 까닭을 말한 후 남편을 부둥켜안고 울었다. 남편도 그제야 아내에게 미안하다면서 그녀를 꼭 안고 토닥여주었다.

"그녀는 말했다. 시를 쓰다 보니 그 사람 '때문'이 아니고 그 사람 '덕분'이라는 생각이 시 속에서 살아서 꿈틀거린다고…"
내가 그녀였더라면 어땠을까. 아마도 어린 시절의 가정환경과 부모를 한탄하거나 결혼 후 변해버린 남편을 원망했으리라. 그러나 그녀는 자신의 불행한 처지를 오히려 도약의 계기로 삼아 치열한 노력 끝에 성공한 삶으로 거듭나게 되었다. 작가는 끝으로 "아마 그녀는 같은 시대를 살아가는 나에게도 상처로부터 지켜줄 사람은 나 자신뿐이라고 가르쳐준 것은 아니었을까, 곰곰 생각해 본다"고 글을 맺는다. 그렇다. 내 삶은 내가 주인으로 살아갈 수 있을 때만이 진정한 자신의 삶을 살아갈 수 있음을 깨우쳐주는 글이다.

이정화의 「Roshan」은 네팔에서 온 스물아홉 살의 청년 이름이다. 그의 이름인 로샨을 사람들은 화장품 이름인 '로션'으로 불렀다. 작곡 공부를 하다가 더 큰 세상에 대한 꿈을 안고 돈을 벌기 위해 한국에 왔다. 첫 직장은 전공과는 거리가 먼 돼지농장이었고 4년 넘게 일했다. 그는 못 하는 게 없는 만능직원이었다. 농장 어느 곳에서나 "로션~" 하고 부르면, "네~" 웃으며 달려와 야무지게 일 처리를 해내는 예스맨이었다. 그는 열심히 돈을 모았고 틈틈이 작곡 공부를 계속했다. 그의 음악적인 성향은 다음 글을 통해서도 엿볼 수 있다.

> 그는 쉬는 날이면 농장 주변으로 길게 뻗어있는 강둑길을 자주 걷는다고 했다. 봄이면 가득 피는 노란 꽃도, 빨갛게 타오르는 석양도, 눈 덮인 뒷산도, 찌르르 새소리도, 호이호이 돼지를 모는 동료들의 외침도, 젖을 빠는 아기돼지들의 색색대는 숨소리도 모두 음악이 된다고 말했다.

그는 작가를 통해 한국어도 열심히 배웠다. 특히 '간다'와 '온다'는 뜻을 혼동해서 go와 come의 의미로 설명해주면 이해했다가도 한국어는 글로 쓸 때가 더 어렵다고 했다. 어느새 그의 체류 기간이 다 되어 출국하게 되었을 때 그가 작가의 사무실로 찾아와 "실짱님, 고마워"라며 그녀가 좋아하는 과자들을 선물했다. "내가 이런 과자 좋아하는 거 어떻게 알았어?" 하고 그녀가 물었을 때 그가 핸드폰을 꺼내어 쓰레기통 사진 한 장을 보여줬다. 그것은 그녀가 간식으로 먹었던 과자 봉지들 사진이었다. 아마도 그녀가 쓰레기를 버리는 걸 봤던가 보다.

　돼지농장에서 편의점이 있는 면 소재지는 왕복 한 시간이 넘는 거리였다. 그녀를 위해 눈 쌓인 둑길, 세찬 바람 속을 걸어갔다 온 것이다. 이렇게 마음이 온전히 담긴 선물을 받고 작가의 코끝이 찡해왔다. 귀국 후 로샨에게서 카톡이 왔다. "실쨩님 도착했어. 한 번 놀러 가." 여전히 come과 go가 헷갈리는 문자에 작가는 미소 지었다. 얼마나 순수한 청년인가. 그가 작곡가로 꼭 성공하기를 바란다.

　한카타리나의 「범 내려온다」는 아파트 위층에 사는 아이와 아래층에 사는 작가가 엘리베이터 안에서 우연히 만나 말을 트게 된 이야기로 다음과 같이 전개된다.

　"아가야, 너 11층에 새로 이사 온 아이구나." "네." "참 귀엽게 생기고 키도 커서 유치원에서 인기가 많겠네." 아이는 아무 말이 없이 내 얼굴을 바라보며 울 것처럼 두 눈을 깜박거린다.
　"나는 10층에 사는 할머니야, 우리 만날 때는 서로 인사하자." 아이가 더듬거리며 말한다. "그런데요 우리 엄마가 그랬어요, 아래층 할머니는 무서운 할머니라고요." "나는 무서운 할머니가 아닌데." "내가 집에서 조금이라도 뛰면 엄마가 아래층 할머니한테 혼난다고 했어요." "아! 그래서 나만 보면 고개를 돌렸구나."

최근에 이사 왔을 때 아이 엄마가 이사 떡을 돌리면서 애가 너무 뛰거나 소란스러우면 언제든지 알려달라고 해서 좋은 엄마라는 느낌을 받았다. 그 후 아이 엄마는 아들 범이가 집에서 심하게 놀 때 아래층 할머니가 혼내주러 오신다고 하면 동작을 멈춘다고 하며 우리 범이에게 할머니는 무서운 할머니라며 웃었다. 그녀는 아이와 친해지기로 했다. 승강기에서 만나게 되면, "범 내려왔네" 하면 아이는 깔깔대며 웃었다.

2022년 새해 어느 날 외출했다가 돌아오니 현관 앞에 예쁘게 포장한 선물상자가 놓여있었다. 위층 범이 엄마가 가져온 과일 상자였고 작은 카드와 손편지가 감동을 주었다. 작가는 호랑이해에 초등학교 입학하는 범이가 학교에 가면 친구들과 신나게 놀기를 마음속으로 기도했다. 이처럼 긍정적인 마음가짐이야말로 사람들과의 관계를 훈훈하게 이어주는 원동력이 되는 것 같다. 우리가 쓰는 수필도 독자들에게 이러한 역할을 할 수 있으면 좋겠다. (한국산문, 2022년 4월호)

관계의 회한

 이번 호에서는 치유되지 않은 인간관계의 회한을 수필로 승화시킨 작품에 대해 주목하고자 한다. 환자가 의사에게 자신의 환부를 다 보여주듯 글쓴이의 아픈 상처를 담담하게 표현한 내용이다. 어쩌면 누구에게나 살아온 세월만큼 깊어가는 회한이 있을 것이다. 삶의 우여곡절을 통한 슬픔도 자신을 성숙시키는 계기가 되고 살아가는 힘이 된다.

 정성록의 「백동연죽白銅煙竹」, 신현순의 「아버지의 흰 고무신」, 장석창의 「진료실 벽」을 통해 수필의 참모습을 살펴보고자 한다.

 「백동연죽」은 삼우제를 지낸 후 어머니의 생애에 대한 회상록이다. 그녀가 태어나기 전부터 운명처럼 살아내야 했던 어머니의 한 맺힌 일생을 함께한 것이 백동연죽이다. 잎담배를 잘

게 썰어 피우는 담뱃대로 대통과 물부리가 백동으로 된 긴 담뱃대를 일컫는다.

권위가 추상같던 할아버지는 외아들을 잃은 며느리 심정은 헤아리지 않았던 것일까? 살아생전 제사 지낼 종손을 봐야 한다며 큰언니 또래의 씨받이를 아버지께 들여 주었다. 대청마루 건넌방에 새 홑청을 씌운 이부자리를 펴 신방을 차린 후, 하나뿐인 심장을 도려내어 주듯 서른일곱 만삭의 몸이었던 엄마는 남편을 건넌방으로 들여보내야만 했다. 도려낸 가슴에서 솟구치는 피눈물을 부여안고 엄마는 밤새도록 뒤척이며 불을 끄지 못했다.

아들을 낳은 씨받이는 하늘을 다 차지한 듯 유세를 부렸고, 씨받이가 아들을 낳을 때마다 어머니는 연거푸 딸만 낳았다. 육십 년을 씨받이와 살아야 했던 어머니의 한을 아버지에게 말 한 마디 못한 채 백동연죽만 입에 물었다. 돌아가시면 관속에 넣어 드리기로 약속했던 그 백동연죽이 빈집에 홀로 남아있는 걸 본 딸의 심정이 얼마나 울컥했을까. 독자에게 그 어머니의 회한이 온몸으로 감염되는 듯한 깊은 울림을 준다. 글의 서두와 말미를 잘 마무리한 내공이 깊은 글이다.

신현순 작가의 「아버지의 흰 고무신」은 현관 앞에 널브러진 신발들을 정리하다가 문득 아버지의 신발 한 켤레가 겹치면서 전개된다. 그녀는 키가 큰 아버지 발에 맞는 고무신이 없다는 정도만 알았지, 치수가 맞지 않아 겪어야 했던 아버지의 고통을 헤아려 본 적이 없다. 이는 아버지의 신산했던 삶의 궤적과도 대동소이하다. 공직자로 유복한 가정을 꾸리며 북한에서 살다가 한국전쟁 때 남한으로 내려왔다. 통일되면 북한으로 돌아갈 계획이었으나 불가능해지자 다시 결혼해서 이 글을 쓴 작가와 동생이 태어났다. 사업 실패로 재기할 능력을 잃은 아버지를 무능하게만 여겼던 그녀는 사후에야 아버지 가슴에 새겨진 생의 애환을 되새기며 말할 수 없는 아쉬움에 젖곤 한다.

> 살아생전 고향 땅 한 번 밟아 보고 죽는 게 소원이라던 아버지. 설 명절 제사 때면 북녘의 가족 나이를 한 살씩 더하면서 눈물이 고이던 아버지. (…) 아버지가 큰 걸음 제대로 한번 못 한 채 생을 마친 건 발에 맞는 신발을 찾지 못해서일까. 나아가지 못하고 그저 제자리에서 서성거리기만 했던 아버지를 제대로 이해 못 하고 무심하기만 했던 각진 기억들이 둥글게 원을 그리고 있다.

작가는 신발을 정리하다 말고 혼잣말로 "그때도 큰 신발이 있었더라면…" 하고 말없음표로 끝맺는 이 글의 마지막 문장이 먹먹한 여운을 남긴다.

장석창 작가의 「진료실 벽」은 읽을수록 고개가 끄덕여지는 내용이다. 직원이 퇴근한 빈 진료실에서 그만의 연말 의식을 치른다. 벽에 마지막 한 장 남은 달력을 뜯어내며 2021년 한 해를 보낸 소회를 쓴 글이다.

> 달력이 있던 자리에는 직사각형의 새하얀 속살이 드러난다. 가장자리를 따라 거무스레한 경계선이 생겨있다. 분명 멀쩡해 보이던 주변의 벽까지 추레해 보인다. 십 년 된 벽지 곳곳에는 얼룩이 묻어있다. 문득, 세월의 때를 올린 벽면은 지금의 '나'이고, 하얀 민낯을 드러낸 네모난 벽면은 십 년 전의 '나'라는 생각이 든다.

경계선 안쪽의 하얀 벽면과 같은 지난날의 순수했던 내가 경계선 밖의 때 묻은 벽면 같은 작가에게 말을 건넨다. "요즘 너는 누구를 대하든지 일단 마음의 벽을 치는 것 같아. 성심껏 대해 줘도 뒤통수치는 환자를 여럿 겪었으니 그렇게 변해가는 거겠지. 그런 네가 안타까워"라고….

의사 소견서를 종이 쪼가리 취급하는 환자와 의사 간의 신뢰가 완전히 무너진 세태에 대해 그는 허탈감을 느낀다. 수많은 얼굴들이 더러는 기쁨으로, 더러는 슬픔으로 진료실 벽 속에 공존하는 현실 속에서 작가인 의사는 스스로 말한다. "너는 아직

가망이 있다고." 지난날의 자신을 되돌아보며 본래의 순수성을 지키고자 다짐하는 작가에게 아낌없는 응원의 박수를 보낸다.

이 밖에도 이여헌 작가의 「밤안개 자욱한 거리에서」는 행인이 아무도 없는 안개 자욱한 밤거리에서 길을 잃고 헤매다 우여곡절 끝에 집으로 돌아온 과정을 쓴 글이다. 이튿날 그녀를 도와준 과일가게를 찾아가 전날에 경황이 없어 제대로 전하지 못한 감사 인사를 하고 여러 가지 과일을 푸짐하게 사 온다. 맑은 물속을 들여다보듯 작가의 선한 심성이 순수하게 잘 드러난 글이어서 좋다. (한국산문, 2022년 6월호)

존재의 확인

문학은 가치 있는 체험의 언어적 형상화라고 하겠다. 특히 수필은 글쓴이의 경험적 사실을 토대로 쓰는 까닭에 그렇다. 홍도숙의 「마지막 캠프에서」, 문영일의 「장모님의 하얀 거짓말, "뭘라꼬"」, 한영자의 「책에 내가 나왔다」를 살펴보고자 한다.

「마지막 캠프에서」는 홍도숙 작가가 쓴 회고록이다. 생의 어느 경지에 이르면 늙어가는 것도 위안이 될까. 그녀는 다음과 같이 회상한다.

> 스무 살 즈음에 무작정 타오르던 향학열도, 서른 살 적에 발견한 숭고한 사랑의 기쁨도, 내 세 아들들과 함께 누리던 행복도 예고 없이 찾아온 사랑의 이별도 모두 태풍과 해일에 쓸려간 요람처럼 사라져 갔습니다. (…) 생살을 저미는 처절한 이별의 아픔도

이제는 엷은 실루엣으로 남아 일렁입니다.

작가는 플라톤이 그토록 염원했던 이상형의 나라인 아틀란티스(전설상의 섬이자 그 섬에 있던 국가)를 그는 죽어서는 만났을까 하고 자신에게 묻는다. 차로 세 시간 정도만 달려가면 그리운 가족들을 만나볼 수 있는 북녘땅에 어머니를 묻고, 그곳을 떠나 팔십 년 세월을 꿈꾸듯 살아온 그녀의 생에 대한 회한이 사무치는 글이다. 엄연히 존재하는 실존의 땅임에도 갈 수 없는 고향이 되어버린 민족의 한을 되새기게 하는 글이다.

그녀는 이제 외로운 시간도 귀하게 여기며 어느새 시간의 소중함과 허망함이 나란히 서 있음을 느낀다. 기억이 희미해져 가는 나이를 안개가 낀 날씨와 병치시켜서 독자를 자신의 세계로 끌어들이는 흡인력이 강한 문장이다. 안개가 걷히면 햇살이 대지에 내리꽂히듯 자신에게 남은 생도 결코 무의미하지 않을 것을 믿는, 생에 대한 긍정적인 자세가 귀감이 되는 글이다.

문영일 작가의 「장모님의 하얀 거짓말, "뭘라꼬"」는 부산에서 혼자 사는 만 95세인 장모에 관한 글이다. 주제와 내용이 해학적이어서 유쾌하게 읽힌다. 다음은 장모에 대한 사위의 정이 묻어나는 문장이다.

건강도 좋은 편이고 일주일에 두세 번 도우미가 오기 때문에 혼자 사시는 데는 별 어려움은 없다. 그러나 노인은 '밤새 안녕'이라 하지 않는가. '100세 시대'라고 하지만 그 연세에 혼자 산다는 것은 아무래도 마음이 놓이지 않는다. 기회 있을 때마다 우리와 같이 살자고 하면, 하시는 말씀은 단 한 마디다. "뭘라꼬?" (…) 아파트 단지 내 텃밭을 분양받아 온갖 채소를 가꿔서 딸네 집에 부쳐주고 이웃에도 나눠주는 게 유일한 소일이고 낙이다. (…) 아내가 무슨 건강식품 같은 걸 사 보내면 어김없이 전화가 걸려 온다. "뭘라꼬? 내가 얼매나 살끼라고 씰 데 없는 데 돈 쓰노?"

트로트 가수 노래를 좋아하는 장모를 위해 식사할 때도 볼 수 있도록 사위가 조그만 TV를 한 대 사서 식탁 벽에 달아드렸을 때도 '언제 죽을지도 모르는데, 뭘라꼬'였다. 그러면서도 친구한테는 사위가 테레비를 식탁에 달아줘서 밥을 먹으면서도 본다고 자랑하는 장모에 대한 사위의 배려심이 애틋하다.

장모에게 이렇게 잘하는 거로 봐서 아내에게는 더 잘해 주리라 믿어 의심치 않는다. 작가는 "우리 장모님의 하얀 거짓말, '뭘라꼬'는 정말 예쁘시다. 장모님의 그 하얀 거짓말을 오래오래 들었으면 좋겠다"고 끝을 맺는다. 얼마나 훈훈한 사위와 장모의 아름다운 관계인가. 이런 사위라면 아들보다 좋을 것 같다.

한영자 작가의 「책에 내가 나왔다」는 전숙희 수필가의 일기 자서전인 『가족과 문우들 속에서 나의 삶은 따뜻했네』에 그녀에 대한 글이 실렸다는 내용이다. 그 책에는 다음과 같이 그녀에 대해 쓰여 있었다.

> 눈이 몹시 아파 동리의 한 안과 가다. 간단한 치료 해주고 곧 나을 거라며 한영자라는 젊은 안과의사는 노트를 내놓더니 사인을 해달라고 한다. 글을 너무나 좋아하는 여의사. (…) 그는 나의 10년 전 책 『또다시 사랑의 말을 한다면』 나도 다 잊어버린 책을 소중하게 빨간 줄까지 그어가며 읽고 있었다. 그의 문학 사랑에 감동해 참으로 한 줄의 글이라도 함부로 써서는 안 되겠다는 마음이 들었다. (1997년 7월 1일)

작가는 안과 의사다. 진료실에는 환자들을 위해 책을 비치하고, 클래식 음악과 그림, 아름다운 시를 베껴서 장식했다. 또 그들이 기다리는 동안 자유로운 기록을 남기도록 방문록을 준비해 놨다.

어느 날 전숙희 작가가 그녀에게 진료를 받으러 왔다. 책꽂이에는 『또다시 사랑의 말을 한다면』 수필집이 꽂혀 있었다. 그녀는 오래되어 색이 누렇게 바랜 책을 전 수필가에게 보여드렸다. 그녀가 읽은 책에는 항상 빨간 줄이 쳐져 있다. 이걸 본 전

수필가는 자서전에 그녀에 대해 앞과 같이 쓴 것이다. 새삼 문학의 힘을 느끼게 한 감명 깊은 글이다. 잘 쓰는 것도 중요하지만 잘 읽는 것도 중요함을 새삼 느끼게 한다.

  20편의 신작을 읽고 작품마다 영혼의 깊은 우물에서 길어 올린 것 같은 진수를 느꼈다. 글 쓰는 보람과 글 읽는 기쁨을 위해 계속 정진하시기를 바란다. (한국산문, 2022년 8월호)

4부

고마운 사람들

청소부가 된 시인
–『죽은 자의 집 청소』를 읽고

안개 자욱한 가을 새벽이다. 신문을 가지러 나가 보니 밤새 떨어진 나뭇잎들이 축축하게 젖어 있다. 올가을은 유난히 같은 시대를 살아가는 다른 사람들에 대한 생의 이면을 생각해보게 한다. 밤새 읽은 책이 아직도 내 의식을 붙들고 놓아주지 않아서일까? 김완 시인이 쓴『죽은 자의 집 청소』라는 책의 본문 중에 다음과 같이 변기를 예찬한 글이 있다.

지상의 그 어떤 더럽고 난처한 것도 군말 없이 받아주는 한량없이 너그러운 존재가 있다면 바로 변기일 것이다. 화장실 청소를 마치고 도기용 광택제를 뿌려서 변기와 세면대를 천사장 가브리엘의 이빨이라고 할 만한 수준으로 하얗고 눈부시게 닦아 놓으면 마음이 참 뿌듯해진다. 더러움이나 불쾌함은 온데간데없어지고, 그 자리엔 그저 순수하고 충만한 행복이 남는다.

제목이 예사롭지 않아서 이 책을 읽게 되었다. 비천하게 여길 수도 있는 일을 하면서 이렇게 떳떳하게 행복하다고 말한 이를 본 적이 없다. 나를 비롯해서 사람들은 흔히 누군가를 처음 만났을 때 그의 직업에 따라 그 사람을 평가하는 경향이 있다.

이젠 달라지고 있다. 예전 같으면 다분히 무시당할 직업일지라도 그 일을 하는 이가 자부심을 갖고 일할 때 그 사람도 그 직업도 참 신선한 감동으로 새롭게 다가온다.

특수청소 서비스회사를 설립해서 죽은 자들의 집을 청소하는 김완 시인이 바로 그런 사람이다. 취재와 집필차 일본에 머물면서 이 일을 배우게 되었고, 한국에 돌아와 이 업종을 하나의 사업체로 운영하게 되었다.

그는 혼자 살다 화장실 위에 연결된 도시가스 공급 관에 목을 매고 자살한 여인의 아파트를 청소하면서, 모든 살림을 한눈에 내려다보며 삶을 끝낸 그녀의 심정에 감정 이입이 되어 이렇게 말한다. "이 모든 것이 그저 어느 날 당신과 내가 함께 꾼, 깨고 나서 돌아보면 웃어넘길 한낱 부질없는 꿈이었다"고….

대체로 가난한 이가 혼자 죽는 것 같다. "죽은 이의 우편함에 꽂힌 채 아래를 향해 구부러진 고지서와 청구서마저 가난에 등이 휜 것처럼 보인다"는 문장에서 그가 시인이 되어야 할 운명을 타고난 사람임을 느낀다.

 다른 죽은 자의 집을 청소하기 위해 문을 열자 엄청난 쓰레기와 오천 개도 넘는 오줌이 든 페트병을 치워야 하는 막막함은 그에게 또 다른 눈을 뜨게 한다. 작가는 생각한다.
 '생전에 한 번도 본적 없는 사람이 만들어 놓은 이해 불가의 쓰레기를 수습하러 온 나는 누구인가. 내 부단한 하루하루의 인생은 결국 쓰레기를 치우기 위한 것인가? 그의 쓰레기를 치우는 것 같지만 사실은 자신의 삶에 산적한 보이지 않는 쓰레기를 치우는 것 같다'고.

 저자는 또 어느 날 스스로 삶을 끝내 버린 독신 여성의 방을 청소하다 냉장고의 텅 빈 냉동고 속에 쌍쌍바가 놓여있는 걸 본다. 각자 먹을 수 있는 두 개의 빙과가 아니라 굳이 쌍쌍바를 골라서 나눠 먹으려 했을 죽은 여자의 애틋한 마음을 생각한다.
 그녀와 함께 살았던 자는 그렇게 먹을 것 하나로 존재감을 남겨 놓았다. 쪼개서 나눠 먹는 빙과류가 전하는 따뜻한 공존감, 그가 사라지자 그녀가 살아가야 하는 이유도 송두리째 사라진 것은 아닐까? 그토록 쓸쓸하고 외로운 풍경을 상상해본 적이 있는지를 내게 묻는 것 같다.

스물네 종류의 소제목으로 쓴 죽은 자들의 집 청소에 대한 이 글은 저자가 현장에서 직접 겪은 "서로 다른 고독사의 얼굴들"에 대한 기록이라고 굵은 글씨로 요약했다. 이 한마디에 대한 뜻풀이라도 하듯 "이곳을 치우며 우연히 알게 된 당신의 이름과 출신 학교, 그것은 당신에 대한 어떤 진실도 말해주지 않습니다. 하지만 이 집을 치우면서 한 가지 뚜렷하게 알게 된 것이 있다면 당신에 대한 것이 아니라 당신을 향한 이곳에 남은 자들의 마음입니다"라고 책 표지 뒷면에 써서 현대인들의 가슴에 주홍 글씨를 새겼다.

그는 "어느 한 사람도 빠짐없이 모두 특별하다고 말하면 어떨까. 우리가 하는 모든 일이 고귀하다고, 그리고 내가 하는 이 일도 너무나 소중한 직업이라고…"라는 문구만으로 이 책의 140쪽을 다 채웠다. 얼마나 강조하고 싶었으면 이 문장만으로 한 페이지 전부를 할애했을까. 그는 누군가의 죽음으로 생계를 이어가는 자신과 같은 사람도, 사람을 살리는 의사도, 택배기사도, 커피 위에 우유 거품으로 무늬를 새기는 바리스타도, 승용차로 출근하는 거주민을 향해 일일이 거수경례로 배웅하는 경비원도…. 어느 한 사람도 빠짐없이 모두 특별하다고 외치고 싶어 한다.

삶의 본질에 대해, 남은 생을 어떻게 살다 갈 것인가를 더 깊이 생각해보게 하는 이 책을 읽고 뒤늦게 철드는 것 같다. 왜 깨달음은 언제나 이리 뒤늦게 오는가….

(한국일보/워싱턴, 2022.11.18)

사람을 사람으로 살게 하다
– 민경숙의 「김봉순 전」을 읽고

 민경숙 수필가는 전남 장흥에서 태어나 서울에서 삼십여 년 전공 분야인 미술학원을 운영했다. 그녀는 62세에 경희대 사이버대학 문창과에 입학해서 이문재 교수의 시 강의를 듣게 된다. 이 교수는 그녀의 첫 수필집 『꽃잎이 뜸 들이는 시간』의 발문에서 "민경숙 학생은 만학도였다. 선생인 나보다 나이가 많았다. 처음부터 눈에 띄는 학생이 아니었다. 문장이 세련된 편이라는 정도, 말수가 적고 목소리가 작았다. (…) 에세이로 방향을 틀자 여간 만한 글솜씨가 아니었다. 나 혼자 읽기에는 너무 아까운 글이었다"고 언급했다. 이 수필집에 수록된 「김봉순 전」의 일부를 소개한다.

 나는 그녀가 매를 맞고 사는 여자라는 것을 알고 너무 놀랐다. 맞지 않으려고 마당을 쏜살같이 달리는 며느리와 빗자루 같은 것을 들고 곧 죽일 듯이 뒤쫓고 있는 시아버지라니. 이층에서 내려다보고 있어도 믿을 수 없는 광경이었다. 그녀가 맞게 된 이유를 들어보면 더욱 어이가 없었다. 일곱 시 정각에 저녁을 먹어야 하는데 오 분 늦게 상이 들어온다거나, 세 가지 이상의 반찬이 올라온다거나, 시아버지의 러닝셔츠가 때맞춰 덜 말랐다든가 하는 하잘것없는 이유에서였다. (…) 그런가 하면 수시로 젊은 남자의 고함과 뭔가를 던지는 소리가 아래층에서 나곤 했다. 그녀의 남편이었다.

시아버지에게 매를 맞고 사는 이 여자는 민 작가가 서른두 살 무렵 남해에서 운영한 학원 건물주의 며느리 김봉순이다. 막 서른을 넘긴 그녀는 까무잡잡하고 수수한 얼굴에 싹싹하고 부지런했다. 민 작가가 낯선 곳으로 이사를 온 걸 알고 아침마다 텃밭에서 막 캐 온 채소를 문 앞에 놓아두곤 했다. "새벽이슬이 송골송골 맺힌 시금치는 얼결에 받은 꽃다발 같았다"고 작가는 회상한다. 매를 맞고 사는 여자의 시아버지는 여든이 넘도록 한자리에서 소금과 담배를 팔았고 그에게는 딱 두 가지 옷이 있었다. 여름부터 초가을까지는 흰색 러닝셔츠에 아들이 입던 헌 양복바지를 걷어 올린 것이 평상복이며 외출복이며 잠옷이었고, 늦가을부터 겨울까지는 누런 내복과 밑으로 내린 바지가 평상복이며 외출복이며 잠옷이었다. 신발은 사위가 신다

남은 헌 구두를 가위로 잘라 슬리퍼를 만들어 신었다. 이런 할아버지의 러닝셔츠가 덜 말랐으니 화가 났으리라. 대학에 다니다 다리가 아파 그만두었다는 그녀의 남편은 겉으로 보기엔 순박하고 점잖은 것 같은데 그 또한 들어보면 아무것도 아닌 이유로 밥상을 뒤엎는다거나 손찌검을 하는 일이 잦았다고 했다.

그녀는 시간이 남으면 학원으로 올라와 한쪽에 가만히 앉아 있곤 했다. 처음엔 내가 해줄 수 있는 일이 별로 없었다. 그저 정황을 자세히 듣고 나서, 멍든 상처에 찬 수건을 대준다거나 할아버지가 화를 낼 때 어떻게 하라고 일러주는 정도였다. 우선 잘못했다고 빌거나 피하지 말라고 말했던 것 같다. 대신 눈을 똑바로 바라보며, 반찬이 네 가지가 된 것은 오이냉국을 하다 보니 오이가 남아 무침을 하나 더 하게 된 상황이라고 구체적으로 설명하라는 조언 따위였다. 처음에 그녀는 깜짝 놀라며 손사래를 쳤다. "내가 어떻게 감히 시아버지 눈을 똑바로 봐요? 나는 부모도 없이 섬에서 자라났는데요? 초등학교밖에 못 다녔는데도 고등학교까지 나온 남편에게 시집온걸요?"

그 후 놀라운 일이 일어났다. 숙제를 잘한 아이처럼 그녀는 자신이 한 일을 민 작가에게 이야기하기 시작했다. 그 여자는 작가가 조언한 대로 꼬박꼬박 실천한 것이다. 그즈음 그녀가 학원의 책들에 관심을 보여서 하나하나 빌려주게 되었다. 처음엔 만화로 된 역사책이었다. 그녀는 열심히 읽고, 다음 날 또 다른 책을 빌려 갔다. 작가는 책을 빌려줄 때마다 느낌을 두어 줄 쓸 것을 당부했다. 어느 날 포리스트 카터의 『내 영혼이 따뜻했던 날』이라는 책을 그녀가 되돌려줄 때 독후감은 두 장을 넘었다. "자신이 가치 있는 존재라고 느끼는 것이 중요하다"는 문장을 몇 번이고 다시 읽으며 눈물을 흘렸다는 대목도 있다.

그렇다, 이 세상에 자신보다 자기 자신에게 더 가치 있는 존재는 없다. 이전에는 스스로를 비천한 존재로 여겨, 시아버지에게 매 맞고 남편에게 학대받으며 살았던 그 여자의 삶에 작은 지진이 일게 된 것이다. 그녀의 독서는 점점 가속도가 붙었다. "뭐 하노. 자빠져 잠이나 처자지 않고. 니가 그 책을 이해한단 말이가" 하던 남편이 어느 날 장미꽃을 책 위에 얹어 놓았다는 이야기가 전해진 날 작가는 그 여자와 하이 파이브를 한다. 그즈음 시아버지도 며느리의 이야기에 귀를 기울이기 시작했다. 그녀의 부지런함과 야무짐을 눈여겨보기 시작한 조짐이 여기저기서 나타났다. 나중에는 통장 관리를 맡겼다는 소식을 들었다.

이 모든 변화는 보잘것없는 '나'라고 여겼던 자신의 굴레를 벗어나게 해준 민 작가의 조언과 빌려준 책들이었다. 책을 읽으면서부터 글이 깨우쳐주는 길을 찾아 나선 그녀의 삶을 변화시킨 예라 하겠다.

내가 갖고 있던 맥락 없는 책들을 다 읽어갈 무렵 그녀에게 나는 두 가지 제안을 했다. 이제 내게 빌려 갈 책도 없으니 운전을 배우라는 것과 도서관에 가서 필요한 책을 빌리라는 것이었다. "내가 어떻게요?" "면허시험은 어떻게 치르죠? 난 못 해요. 난 절대 못 할 거예요". 이번에도 그녀가 펄쩍 뛰었다. "할아버지는 언젠가 돌아가시겠지요. 남편도 점점 건강이 나빠질 수 있지요. 그럼, 아들을 잘 키우고 당신이 꿈꾼다는 제과점을 운영하며 집안을 이끌어 갈 사람이 누구인지 생각해 봐요"라고 나는 설득했다. 그리고 그녀는 예상대로 너무나 잘 해냈다.

매일, 온종일 일에 쫓기는 그녀가 밤늦도록 책을 읽고 글을 쓰는 일은 결코 쉬운 일이 아니었을 것이다. 다행히 그녀는 뭐든지 좋다고 생각하면 곧바로 실천에 옮기는 성격이었다. 도서관에서 책을 빌려 오기 시작하면서 희망찬 생기로 빛났을 그녀의 얼굴을 상상해 본다. 그녀는 작가가 무심히 가리킨 손가락 끝에서 자신이 이루고 싶은 꿈의 실체 혹은 어떤 이정표를 발견했을 것이다. 민경숙 작가는 "'책 읽기'는 그녀의 큰 미덕인 부지런함과 결합하면서 아무도 빼앗아 갈 수 없는 자신만의 단단

한 무기가 되었을 것"이라고 언급했다. 그 여자의 이러한 일련의 행보는 민 작가가 그 도시에 살았던 팔 년 동안 꾸준히 계속되었다. 김봉순이 당당한 한 사람으로 변모해 가는 과정은 참으로 경이로웠다. 그것은 현실을 살아내면서 꿈을 향해 전진하는, 누군가 언급한 '조용한 끈질김'에 의해 마침내 도달한 당찬 여인의 탄생으로 이끌었다.

십오 년 후, 민경숙 작가가 그곳에 들렀을 때 할아버지는 돌아가시고 그녀는 그토록 원했던 번듯한 제과점을 운영하고 있었다. 남편은 제과점 옆방에서 한층 편안해진 얼굴로 동화책과 만화책을 빌려주고 있었다.

제과점은 온갖 책들이 한 벽을 차지하고 있어서 마치 도서관 같았다. 한 무리의 여자들이 그곳에서 책도 보고 조용조용 이야기도 하고 뭔가 적기도 하는 모습이었다. 활기차 보이는 그녀가 작가의 귀에 대고 "이 아줌마들과 독서 토론도 해요"라고 소곤거리듯 말했다.

이 얼마나 살맛 나는 세상인가. 살면서 우리는 누구를 만나느냐에 따라 운명이 바뀌기도 한다. 그녀가 민경숙 수필가를 만난 것은 천우신조天佑神助였던 것 같다. 아니지, 운명이 누구를 만났다고 해서 저절로 바뀌는 것은 아니지. '나도 할 수 있다'는 자신감으로 번듯한 제과점을 운영하고 싶은 꿈을 실현하기 위해, 마치 어둠을 지우개로 지우듯 꾸준히 노력한 결과이리라.

이 글은 민경숙의 수필 「김봉순 전」을 거의 원문대로 옮긴 것이다. 문학의 여러 장르 중에서도 수필이야말로 삶의 현장에서 길어 올린, 참사람의 길을 보여주는 '진수'임을 다시 한번 느끼게 하는 글이다. (워싱턴문학, 2024년)

바다로 떠난 여자

따뜻한 곳이 그리워 1월 25일 워싱턴 레이건 내셔널 공항에서 마이애미로 가는 비행기를 탔다. 그곳에서 배를 타고 키웨스트와 바하마의 비미니 비치Bimini Beach로 가는 크루즈 여행이다. 올가을에 결혼하게 될 딸과 어쩌면 둘이 함께 가는 마지막 여행일지도 모른다는 생각에 마음이 애잔하다.

여행은 언제 어디를 누구와 가는지도 중요하지만, 날씨가 차지하는 비중이 큰 것 같다. 2시간 만에 포트 로더데일 공항에 도착하니 야자수 푸른 잎사귀들이 바람결에 흔들리며 우리를 환영했다. 아침에 집을 나섰을 때 워싱턴은 화씨 32도였는데 마이애미는 84도의 쾌적한 여름이다.

늦은 오후, 마이애미 항구에 도착하니「타이태닉」영화를 방불케 하는 거대한 유람선이 우릴 기다리고 있었다. '스칼렛 레이디Scarlet Lady'라는 배 이름에 걸맞게 실내장식이 아늑한 꿈나라 같다. 예약한 10층 방문을 연 순간, 바다가 한눈에 들어와서 우린 하이 파이브를 하며 환호했다.

발코니에는 진홍빛 해먹이 바닷바람에 한가로이 흔들리고, 은빛 탁자와 두 개의 의자가 놓여있어서 바다를 바라보며 휴식하기 좋은 아늑한 분위기다. 새벽부터 집을 나서느라 고단했던 몸이 해먹 안에 어머니 배속의 태아처럼 깊이 누우니 일시에 피로가 풀리는 것 같다. 날이 저물고 대서양의 파도 소리만 어둠 속에서 아득하게 들려왔다.

우린 밤이 늦도록 저녁을 함께 먹으며 모처럼 느긋한 시간을 보냈다. 서로 떨어져 살면서 바쁘게 지내다 보니 같이 지낼 겨를이 없었다. 그저 함께 먹고 자고, 같은 바다를 바라보는 것만으로도 모녀간의 유대감을 느끼게 하니 이래서 여행이 좋은 것 같다.

이튿날 아침, 바람 부는 키웨스트 거리를 산책하듯 걸어서 어니스트 헤밍웨이(1899~1961)네 집에 갔다. 네 번의 결혼생활 중 가장 가정적이었다는 두 번째 부인 폴린 파이퍼와 13년 동안(1928~1941) 함께 살았던 집이 헤밍웨이 박물관이 되었다.

부인이 바뀔 때마다 명작을 썼던 그의 『누구를 위하여 종은

울리나』와 『킬리만자로의 눈』 영화 포스터가 벽에 붙어있다. 그에게 노벨 문학상을 안겨준 『노인과 바다』를 상기시키는 물고기와 사냥한 사슴의 머리 부분을 박제한 장식품들을 그를 보듯 바라보며 '왜 그는 자살로 생을 마감했을까' 하고 생각했다.

사랑도, 모험도, 낚시와 사냥도 그의 허무주의적 성향을 극복할 수 없었던 것 같다. 작가로서 글을 쓴다는 것은 최상의 상태에서조차 고독한 삶일 수밖에 없다는 것, 훌륭한 작가가 되려면 영원한 고독 혹은 그 고독이 주는 결핍과 매일매일 부딪혀야 한다는 작가 의식, 진정한 작가에게 있어 매 작품은 성취감을 뛰어넘어 어떤 것을 얻기 위해 다시 시도하는 새로운 시작이 되어야 한다는 그의 작가관이 내 정수리를 친다.

뜰에는 키웨스트에서 최초이며 가장 크다는 수영장이 있고 야자수가 우거져서 서늘한 정원은 관광객들로 붐볐다. 집안을 돌아다니는 고양이들은 모두 그가 키웠던 발가락이 여섯 개 달린 유전인자를 가진 후손들이라고 한다. 생전에 단골로 다녔던 바와 취중에 집을 찾아갈 때 이정표가 되어준 등대는 아직도 여전한데 사람만 가고 없어 생의 덧없음을 새삼 느꼈다. 그의 생애와 작품들에 관해서만 써도 몇 페이지가 될 텐데 나는 그저 지나가는 나그네가 되어 단편적으로 보고 느낀 대로 이 글을 쓴다. 키웨스트는 마치 헤밍웨이를 상징하는 섬인 것 같았다.

바하마의 아침에 우린 아예 수영복을 겉옷 속에 입고 비미니 비치를 향해 출발했다. 사철 여름인 해변에는 비키니 차림의 피서객들로 활력이 넘쳤다. 구름 한 점 없이 푸른 하늘과 바다 사이의 수평선이 아득히 멀었다. 바람이 세차서 선뜻 물속에 들어갈 엄두가 나지 않아 수영 대신 비치용 의자에 누워 선탠을 했다.

낯선 사람들 속에서 카리브해의 파도 소리를 들으며 한나절을 보냈다. 얼마 만에 느껴보는 자유로운 휴식인가. 그동안 심신이 많이 지쳤던가 보다.

내 집이 유배지가 되어 3년여를 위리안치圍籬安置와 같은 격리된 생활을 해야 했던 팬데믹의 공포로부터 이젠 풀려난 것 같다. 휴양지라 골프장과 호텔, 요소요소에 잘 가꾼 나무들과 야자수 사이사이 아름다운 별장들을 스치며 크루즈로 돌아왔다.

저녁 무렵 17층 꼭대기에 배의 가장자리를 한 바퀴 돌 수 있는 산책로가 있어서 딸과 함께 걸었다. 배가 워낙 커서 그런지 전혀 움직이는 것 같지 않았다. 그래서 "앨리스야, 지동설이 정말 맞나봐. 배가 움직이는 것도 못 느끼겠는데 지구가 움직이는 걸 우리가 어떻게 느끼겠니. 그렇지?" "응, 엄마. 지금도 지구는 돌고 있고 배도 가고 있거든?" 가도 가도 바다뿐인 바다를 보다가 "그런데 콜럼버스는 어떻게 이 막막한 바다를 탐험해서 아메리카 대륙을 발견했을까?" 딸의 말인즉 "엄마, 콜럼버스는 자기가 발견한 땅이 아메리카가 아니라 인도라고 생각했대. 그래서 아메리칸원주민을 인디언이라고 부르는 거야" 하고 말했다. 그날 나는 망망대해를 항해하는 배 위에서 처음으로 지동설과 콜럼버스의 신대륙 발견에 대해 구체적으로 생각해 본 계기가 되었다.

워싱턴으로 돌아오는 비행기 수속을 마치고 내 여행 가방을 옮겨주던 앨리스가 엄마는 어린애 같다고 한다. 딸아이가 어렸을 때는 엄마가 갑이었으나 이젠 엄마가 을이 되어서 오히려 뿌듯하다. 4박 5일 동안 일일이 도와주고 보조를 맞춰준 딸 덕에 바다를 여한 없이 구경할 수 있었다. (여행문화, 2023년 여름호)

비익조

거실에 있는 TV는 어쩌다 뉴스나 일기예보를 볼 때만 잠깐 보고 한국 채널이 없다. 고국 소식이 궁금할 땐 주로 SNS를 통해 보는데, 어느 날 '궁합'이라는 제목의 화면이 뜨길래 무심코 클릭했다. 젊고 아름다운 무녀가 속궁합이 왜 중요한가에 대한 이론과 실제 사례를 들어가며 얘기하는데 꽤 설득력이 있다. 아직 미혼인 듯한 그 여인이 말하기를 결혼생활이 행복하려면 속궁합이 좋아야 한단다. 그러니 아직 결혼을 안 한 젊은이들은 비익조比翼鳥처럼 서로의 반쪽을 찾아서 행복하게 잘 살기를 바란다고 한다.

비익조가 뭘까. 처음 듣는 말이어서 문자를 쓰는 것 같은 그 무당에게 경외감이 들었다. 사전적인 해석에 의하면 비익조는 암수의 눈과 날개가 하나씩이라서 짝을 짓지 않으면 날지 못한다는 전설상의 새이며, 남녀나 부부 사이의 두터운 정을 비유적으로 이른 말이라고 한다. 이 얼마나 운명적인 사랑의 일체감을 느끼게 하는 말인가. 여자는 잠자는 남자의 갈비뼈 하나를 취해서 만들었다는 얘기에 비해, 남자도 여자도 어느 한쪽에 치우치지 않고 서로의 반쪽임을 일컫는 이 비익조에 대한 얘기가 어쩐지 나는 좋다.

당나라 시인 '백거이'가 읊은 「장한가長恨歌」에서 비롯된 비익조에 대한 내용에 다음과 같은 구절이 있다.

七月七日長生殿(칠월칠일장생전)
7월 7일 장생전에서
夜半無人和語時(야반무인화어시)
깊은 밤 사람들 모르게 한 맹세
在天願作比翼鳥(재천원작비익조)
하늘에서는 비익조 되기를 원하고
在地願爲連理枝(재지원위연리지)
땅에서는 연리지 되기를 원하네
天長地久有時盡(천장지구유시진)
높은 하늘 넓은 땅도 다할 때 있는데
此恨綿綿無絶期(차한면면무절기)

이 가슴속 한은 끝없이 계속되네

　이 「장한가」는 당나라 현종과 양귀비의 사랑을 전설의 새인 비익조에 비유하여 읊은 시이다. 당나라 6대 왕인 '현종'이 '양귀비'에게 빠져서 정사를 돌보지 않았다. 그러자 양귀비의 인척들이 정치를 쥐고 흔들었고, 인척의 횡포에 반발하여 일어난 것이 '안사의 난'이다. 이 역사적 사건의 배경을 경국지색傾國之色(임금이 혹해서 나라가 어지러워도 모를 만한 뛰어난 미인)이라고도 한다. 양귀비가 어떤 여자길래 현종의 마음을 그토록 사로잡았을까? 오래 전에 민요 가수 김세레나를 초청한 잔치에 참석한 적이 있다. '새타령'으로 유명했던 그 가수가 간드러지게 불렀던 노래 중에 "천하일색 양귀비도 시들으니 그만이라…"고 한 구절이 생각난다. 도대체 얼마나 미인이었으면 1,300여 년 전에 태어난 당나라의 여인이 한국 유행가에도 그 이름이 불려지는 걸까.

　그동안 피상적으로만 알고 있었던 양귀비가 누구냐고 웹사이트에 물으니 다음과 같이 답변한다. 성은 양楊이고 이름은 옥환玉環이며, '귀비'는 후궁의 순위를 나타내는 칭호이다. 양귀비의 신장은 155cm이고 체중은 65kg의 건강한 체형이었다 한다. 벽화 등 그림을 통해 유추해보면, 당시 미인의 표준으로 실제로는 풍만한 여성이었다. 또한 재주가 뛰어나 비파를 비롯한 음악과 무용에 남다른 재능을 가지고 있던 것으로도 알려졌다.

양귀비는 원래 현종 아들의 비였다. 그러니까 현종은 며느리와의 사랑에 눈이 멀게 된 것이다. 현명한 군주였던 그가 양귀비와의 사랑에 빠져 어지러운 정사를 펼치는 통에 막강했던 당나라가 내리막길을 걷게 된다. 당나라의 운명이 망할 지경에 이르자 양귀비를 죽이라는 압박이 거세어졌고, 결국 양귀비는 자결한다. 꽃다운 나이에 비참하게 죽은 양귀비를 잊지 못한 현종은 늘 이「장한가」를 읊조리며 그녀를 그리워했다고 한다. 비익조의 유래에 관한 자료조사를 하다 보니 양귀비에 대한 구체적인 사실도 더불어 알게 된 계기가 되었다.

사랑했던 사람과 사별하거나 어쩔 수 없이 헤어져 다시는 만날 수 없는 채 살아가는 사람들을 생각한다. 자신의 반쪽에 대한 그리움으로 남은 생을 살아가는 이들의 슬픔을 비익조의 전설에 기대어 헤아려본다. 이 얼마나 처연하도록 아름다운 의미를 지닌 전설 속의 새인가. (워싱턴문학, 2018년)

고마운 사람들

"선배님, 집에 있어요? 김장했는데요. 수육이랑…. 집에 계시면 갖다주려고요."

한 시간쯤 전에 후배가 보낸 카톡 내용이다. 나는 반가워서 "어서 와~ 회신이 너무 늦었지?" 답이 없는 걸 보니 김장하고 고단해서 잠들었나 보다.

오후 7시가 조금 지났는데도 12월이 되니 한밤중 같다. 읽다가 만 책을 읽으려는데 이마 쪽이 밝아서 고개를 드니 창밖의 보름달이 나를 환하게 들여다보고 있다. 다시 후배가 "알았어요. 갈게요~" 하고 답이 왔다. 잠시 후에 '딩동' 하는 벨 소리에 나가보니 후배가 김치 통과 수육 보쌈을 안고 문밖에 서 있는 게 아닌가. "아이고~ 이게 웬 떡이야!" 하고 하도 고마워서 꼭 안아주고 싶었지만 우린 서로 마스크를 쓴 채로 눈만 빤히 쳐다보며 박장대소했다. 밤중에 검은 마스크를 하고 문밖에 서 있으니 예고 없이 나타났으면 영락없는 밤도둑 모양새다. 곧바로 돌아가는 그녀의 가는 길을 달빛도 기뻐서 나와 함께 배웅해주었다.

  추수감사절을 보낸 직후이기도 하고 한 해가 저무는 시기라 그런지 새삼 고마운 사람들이 생각나는 요즘이다. 몇 달 전 코로나바이러스로 화장지 사재기를 한다는 뉴스를 보고 나도 월마트에 휴지를 사러 갔다. 평소에는 꽉 차 있던 진열대가 텅 비었고 한 사람당 60센트짜리 한 팩씩만 파는 코너에서 그거라도 사 온 지 며칠 후였다. 오랜만에 고향 후배가 화장지 서른 롤과 페이퍼 타올 열다섯 롤을 사다 줘서 참으로 고마웠다. 잊고 살다가도 어려울 때면 구세주처럼 챙겨주는 이웃이 있어서 살아가는 기쁨을 느낀다.

  낙엽으로 스산했던 늦가을을 지나 이젠 숲속이 훤히 들여다보이는 초겨울이다. 오랜만에 동네 호숫가를 산책하던 중 강변의 텅 빈 테이블과 긴 나무 의자들이 눈에 띄었다. 문득 지난 10월 어느 날 오후의 K 부부가 생각났다. 마침 우리 동네에 사는 사람과 약속이 있어서 오는데 잠깐 만날 수 있으면 감을 좀 주고 싶다고 했다. 나는 기뻐서 흔쾌히 만나기로 했다. 벌써 몇 해째인가. 그녀는 해마다 달콤한 홍시와 함께 집에서 딴 복숭아로 손수 잼을 만들어 예쁜 포장지에 싸서 선물로 주곤 했다. 그 부부와 이 호숫가 테이블에 앉아 소풍 나온 기분으로 식사하며 유쾌한 담소를 했던 때가 엊그제 같다. 아직도 그때 준 복숭아 잼 포장지를 풀지 않고 거실에 장식용으로 두고 바라볼 때마다 그녀가 고맙다.

  나는 내성적인 성격은 아닌데 누구에게 먼저 다가가거나 말문을 먼저 열 줄 모른다. 활달한 것 같으면서도 제 속에 갇혀서 지내는 시간이 많다. 아는 이들에게 카톡이나 전화를 먼저 하는 경우도 드물고, 연락한 지 오래된 친구가 궁금해도 '왜 소식이 없을까….' 하고 생각은 하면서도 내가 먼저 연락해볼 생각을 못 한다. 이런 내게 생일이면 문 앞에 화분을 두고 가는 선배도 있고 멀리 사는 친척보다 이웃사촌이 낫다고, 반찬을 해다 주는 언니 같은 심지 깊은 교우도 있다. 코로나바이러스로 인해 가까운 사람과도 일정한 거리를 두고 지내야 하는 중에도 훈훈한 정을 베풀어주는 사람들이 있어서 여느 때보다 고마운 한 해였다.
  평소에 고마웠던 사람들에게 나는 계절 따라 부활절 무렵이면 백합 화분을 전한다든가 가을엔 국화 화분을 문 앞에 놓아두고 오기도 하고, 요즘 같은 겨울에는 붉은 포인세티아 화분을 안고 찾아가서 나의 감사한 마음을 표하기도 한다. 30여 년

이 흘렀어도 한결같이 선한 이웃들과 살아가면서 연륜이 더할수록 정이 깊어가는 그분들에게 마음속으로 늘 감사드린다.
(2020년 12월)

생의 저편으로 흐르는 강
– 엔도 슈사쿠의 『깊은 강』을 읽고

『깊은 강』은 엔도 슈사쿠(1923~1996)의 나이 일흔에 병마와 싸우며 쓴 마지막 장편소설이다. 그가 죽으면 관 속에 『침묵』과 『깊은 강』을 한 권씩 넣어 달라고 했고, 그의 유언대로 지금도 잠든 엔도의 곁을 이 두 작품이 지키고 있다.

이 소설은 의사로부터 아내의 암 선고를 듣는 이소베의 경우로 시작된다. 갑자기 아내가 세상을 떠나자, 그에게 지금까지 생각지도 못했던 허허로움이 밀려온다.

"여보!" 그는 불러보았다. "어디로 간 거야?" 아내가 살아 있을 때는 이토록 절실한 기분으로 불러본 적이 없다. 그녀가 죽기까지 그는 대부분의 남자들과 마찬가지로 일에 열중하고 가정은 등한시했다. 애정이 없어서가 아니라 인생이란 우선 열심히 일하는 것이며 그런 남편의 모습을 아내 또한 좋아하리라 생각해 왔던 것이다.

그녀가 죽기 직전에 남편에게 유언하기를 이 세상 어딘가에 반드시 다시 태어날 테니 꼭 찾아달라고 했다. 그때부터 이소베는 삶과 죽음의 윤회에 대해 진지하게 생각하게 된다. 그 무렵 미국의 한 대학 의학부 연구실에서 자신의 전생을 뚜렷하게 이야기하는 세 살 미만의 아이들 이야기를 수집했고, 그중 인도의 바라나시 근처에 사는 한 소녀가 전생에 일본인으로 살았다고 한다는 소식을 듣게 된다. 이소베는 죽은 아내가 틀림없이 그곳에 환생한 것이리라 믿고 그 소녀를 만나기 위해 인도로 떠난다.

모두 13장으로 구성된 이 소설은 '이소베의 경우'처럼 미쓰코, 누마다, 기구치, 오쓰의 경우로 그들의 이름을 소제목으로 써서 각자에 대한 스토리가 전개된다. 오쓰를 제외한 네 사람은 모두 인도 단체 여행을 계기로 우연히 만나 함께 여행하면서 서로 알게 된다.

미쓰코의 경우, 지극히 통속적인 생활밖에 모르는 친구들과는 다른 인생을 원한다. 그녀는 대학 시절에 가톨릭 신자인 오쓰를 유혹해서 그가 믿는 신 따위는 내다 버리라고 골려 주다가 지루해져서 그를 버린 기억에서 벗어나지 못한다. 결혼했으나 삶의 공허를 견디지 못해 이혼한 후 신부가 된 오쓰를 찾아

인도에 온다.

인도의 죽음 같은 밤, 저녁 안개가 마을을 감쌀 때, 그녀는 갑자기 자기 인생의 모든 것이 무의미하고 헛된 것처럼 느낀다. 인도 여행뿐만 아니라 대학 생활도, 짧았던 결혼 생활도, 위선적인 자원봉사 흉내도, 처음 방문한 이 마을에서 오쓰를 찾아 돌아다닌 것도….

누마다의 경우는 부부라 해도 서로 용해될 수 없는 고독이 있음을 결혼 생활을 지속하면서 경험한다. 만약 인간이 진심으로 이야기 나누는 대상을 신이라 한다면, 그에게 신은 애완견이었던 검둥이이거나 그가 병으로 죽음의 고비를 넘길 때 가장 큰 힘이 되어 준 새인 구관조다.

기구치의 경우는 태평양 전쟁 때 미얀마에서 살아남기 위해 죽은 동료의 인육까지 먹어야 했던 처참한 상황에 대한 기억을 안고 살아간다.

소설의 주인공인 오쓰는 대학 시절, 미쓰코에게 희롱당한 아픈 상처를 안은 채 신학도의 길을 선택한다. 훗날 그는 다시 만나게 된 그녀에게 "내가 신을 버리려 해도… 신은 나를 버리지 않습니다. 당신한테 버림을 받았기 때문에, 나는… 인간에게 버림받은 그 사람(예수)의 고뇌를… 조금은 알게 되었습니다."라고 말한다.

그는 범신론자라는 이유로 실패한 신부지만 힌두교의 이슈람(수도원 같은 곳)에서 그를 받아주어 화장터로 시신을 나르는 일을 한다. 진실로 그(예수)가 우리의 병고를 짊어진 것처럼, 아름답지도 않고 위엄도 없는 모습으로….

얼마나 많은 사람이, 각자의 슬픔이 그의 등에 업혀 갠지스강으로 향했을까. 오쓰는 그들이 누군지 어떤 과거를 지녔는지 모른다. 그가 알고 있는 건 그들이 하나같이 이 나라에서는 아웃 카스트(인도의 카스트제도에서 최하위 계급에도 들지 못하는 사람들)이며 버려진 계층의 사람들이라는 사실뿐이다.

일본 작가가 왜 인도의 갠지스강을 작품의 배경으로 삼았을까. 이 소설은 작가가 1971년 인도를 여행한 후에 쓴 글이다. 사람들이 죽은 뒤, 그곳에 뿌려지기 위해 모여드는 강, 이 깊은 강은 그런 죽은 자들을 품에 안고 묵묵히 흘러간다. 작가는 '환생'에 대한 인간의 간절한 염원을 보여주기 위해 갠지스강을 상징적으로 택했다. 강물은 너무 더럽고 오염되어 있다. 그런데도 시체가 떠내려가는 물에서 사람들이 목욕하고 입을 헹군다. 위생적으로는 이해할 수 없는 일들이 행해지고 있는 곳이다. 인도의 힌두교도들에게 갠지스강은 '거룩한 강'인 까닭이다.

그곳에 가면 사람마다 각자의 아픔을 짊어지고 이 강에서 기도하는 모습을 볼 수 있다. 강 가까이까지 간신히 당도했다가 길가에 쓰러진 사람들도 많다. 시신마다 인생의 괴로움과 눈물로 얼룩진 흔적이 있다. 갠지스강은 그들의 삶이 어떠했든, 썩은 손가락을 내밀어 구걸하며 생을 연명했던 여자도, 아웃 카스트의 빈민도, 인디라 간디의 유해도 똑같이 그들의 재를 삼키고 흘러간다. 힌두 사람들은 이 갠지스강을 '환생의 강'이라 부른다. 작가는 "풍요로운 갠지스강을 모성적인 이미지로 대치해, 어머니로부터 태어난 것이 모성적인 것으로 돌아간다는 감각만은 동양인인 내게는 나 나름으로 알 수 있을 것 같았다"고 했다.

이 소설은 엔도의 경험적 사실들이 등장인물들 각자에게 투영되어 있다. 그는 『깊은 강』의 주인공들을 통해 종교의 장벽을 넘어 모든 이들이 공유할 수 있는 지점을 찾아 보이려고 했다. 신이란 인간 밖에 있어 우러러보는 게 아니라 바로 우리 인간 안에 있으며, 인간을 감싸고 수목을 감싸고 화초도 감싸는 거대한 생명이라는 것. 또한 신은 유럽의 교회뿐만 아니라 유대교에도, 불교에도, 힌두교에도 계신다고 믿는다.

엔도는 1966년에 집필한 『침묵』이란 소설로 세계적으로 잘 알려졌고, 여러 차례 노벨문학상 후보에 올랐으며, 20세기 기독교 문학을 빛낸 가장 중요한 작가로 극찬을 받았다.

글을 마치며 그의 인생에서 삶의 화두가 되었을 '깊은 강'은 무엇이었을까를 생각해 본다. 그는 중년기에 갠지스강, 아우슈비츠 등을 돌아보며 인간의 고통과 신의 존재에 대한 생각이 깊어졌다. 그가 말했듯이 일본의 '진흙 늪'에 자신이 고른 종교의 씨앗을 심기 위해 고군분투하다가 생을 마친 작가다. 엔도 슈사쿠야말로 자신의 문학작품들을 통해 일본식 종교개혁을 꾸준히 시도했고 이를 실행하고자 죽기 직전까지 노력했던 진정한 기독교 문학 작가다.

그의 문학관은 탁 트인 바다가 한눈에 들어오는 소토메 지역 '석양의 언덕'에 있다.

소설 『침묵』의 무대이기도 한 그곳에 다음과 같은 '침묵의 비碑'가 세워졌다.

　인간이 이토록 슬픈데
　주여, 바다가 너무도 푸르릅니다.

(한국일보/워싱턴, 2025.4.9)

세연정

내가 산수를 사랑하는 버릇이 너무 지나치지 않은가. 반드시 사람들의 웃음거리가 될 것이요, 나 또한 스스로 비웃음을 면치 못할 것이다. 그러나 옛사람이 이르기를 "고기가 없으면 사람을 여위게 하고, 음악이 없으면 사람을 속되게 한다"고 하였으니, 비유컨대 재산은 고기이고, 천석泉石은 음악과 같다. 나의 취하고 버림이 진실로 이러한 뜻에 있으니, 후세에 반드시 이를 말할 사람이 있을 것이다.

우연히 고산 윤선도(1587~1671)가 전남 해남 지방 보길도에 은거하면서 그곳 산중생활을 기록한 『금쇄동기金鎖洞記』(1640년)의 뒤에 쓴 위의 내용을 접하게 되었다. 문득 2018년 10월 한국방문 길에 다녀온 여행을 회상시키는 구절이다. 서울 수서역에서 출발하는 SRT 기차를 타고 광주 송정역을 거쳐서 보길도로 가는 여객선을 탔다.

고산이 관직에서 물러나 은둔생활을 하면서 그 유명한 「어부사시사」와 「오우가」 같은 시가 문학을 집필한 곳이 바로 보길도다. 그 섬에 가면 부용동 입구에 유역면적이 3천여 평에 이르는 세연정洗然亭이 있다. 그가 보길도에 지은 20여 개의 건축물 중 가장 아름다운 정자로 꼽힌다. 조경에 대한 남다른 안목으로 자연과 사람이 하나로 어우러지도록 인공으로 조성한 정자다.

세연洗然이란 '주변 경관이 물에 씻은 듯 깨끗하고 단정하여 기분이 상쾌해지는 곳'이라는 뜻이다. 흐르는 물에 술잔을 띄우고 시를 지으며 풍류를 즐긴다는 의미에서 '원림園林'이라고 부르기도 했다. 어쩐지 그 이름이 마음에 새겨져 메모지에 '세연정'이라고 적어 두었다. 훗날에 이 세 글자만 봐도 그 정경이 눈에 선하게 떠오를 것 같고 어떤 상상의 실마리가 되어줄 것 같은 이름이다. 주변을 돌아보니 200여 평의 연못과 600여 평의 판석 제방과 동대, 서대, 옥소대, 칠암, 비홍교와 동백나무, 대나무, 소나무 숲이 울창하게 우거져 있다. 이처럼 아름다운 자연경관이 함께 어우러진 세연정 상석에서는 '동대'와 '서대' 위에서 무희들이 춤추고 노래하는 광경을 보고 즐겼다. 그는 음악을 좋아한 풍류인이기도 했고 생전에 타던 거문고에 '아양'이라는 이름을 지어줬다.

이 정자에서 고산과 더불어 풍류를 즐겼던 이들은 어떤 사람들이었을까. 무희들은 어떤 옷차림에 무슨 춤을 추었을까. 노래를 불렀던 이들도 듣는 이들만큼 행복했을까? 이런저런 상상을 해보며 먼 옛날의 세연정을 오늘로 불러들여 자연 속의 야외 공연장으로 연상해본다.

정자 아래쪽에 있는 연못을 살펴보니 고인 물이 흘러가도록 '회수담'을 만들었고 곳곳에 바위들이 있어 물이 돌아 나가도록 설계되었다. 회수담으로 통하는 물길 위에는 '오입삼출五入三出 다리'가 있는데 물이 들어오는 입구는 다섯 군데고 나가는 출구는 세 군데라는 의미로 수위를 조절하기 위한 장치다. 이렇듯 물의 흐름도 넘치거나 부족함이 없도록 물길을 조정해주고 못 안에 잠겨 있는 일곱 개의 바위들도 그 형상이나 용도에 따라 이름을 각기 지어주어 돌 하나하나에도 의미를 부여했다.

세연정 주위를 거닐며 무심코 바라본 산 중턱에 작은 기와지붕 하나가 눈길을 끈다. 사람의 발길이 닿을 수 없을 것 같은 절벽 위에 세운 단칸짜리 동천석실洞天石室이다. 구름이나 안개, 바람이나 쉬어 갈 수 있는 곳일 것 같다. 동천洞天이란 신선들의 거주처인 동천복지에서 비롯된 이름으로 고산이 인간세계를 떠나 선계를 꿈꾼 곳이다. 독서를 즐기며 신선처럼 소요하는 은자의 처소라는 의미가 있다. 부용동의 경치를 한눈에 바라볼 수 있는 곳에 위치해서 고산이 최고의 절경으로 꼽았던 곳이다.

세연정을 조성한 이가 고산이니 그에 대한 내력을 빼놓을 수 없겠다. 잘 알려진 대로 그는 조선 시대의 시인, 문신, 정치인이자 학자다. 아버지 윤유심과 어머니 순흥 안씨의 셋째 아들로 서울에서 태어났으나 8세 때 큰아버지 윤유기의 양자가 되어 전라남도 해남군으로 내려가 해남 윤씨 대종을 잇는다.

20세에 승보시에 1등으로 합격했고, 1612년 진사시에 급제하여 진사가 되었다. 1616년 성균관 유생으로서 집권 세력을 비난하는 글을 올렸다가 함경도로 유배되었다. 그는 벼슬을 버리고 조상이 물려준 엄청난 재산으로 정치와는 관계없이 보길도의 부용동과 금쇄동에 여러 정자와 각을 짓고 풍류를 즐기며 살았다. "하루라도 음악이 없으면 성정을 수양하며 세간의 걱정을 잊을 수 없다"라고 했다.

1628년(인조 6년) 별시문과別試文科의 초시初試에 장원으로 급제한 후 효종과 현종의 세자 시절 대군 사부의 한 사람이 되었다. 이때 그는 같은 대군 사부로 보임된 송시열(서인)을 만나게 되는데 후일의 정적이 된다. 그는 성품이 강직하고 시비를 가림에 타협이 없어 자주 유배를 당했다. 거침없는 발언과 형식,

제도에 얽매이지 않는 행동으로 적을 많이 만들기도 했다. 남인의 거두였던 그는 치열한 당쟁 때문에 일생을 거의 유배지에서 보냈다. 1667년 그의 나이 81세에 이르러서야 석방된 뒤 자연 속에 묻혀서 시를 읊으며 남은 생을 보냈다.

그가 남긴 시조들은 주로 자연과의 화합을 주제로 담았으며 국문학사상 시조의 최고봉이라 일컬어진다. 고산의 대표작인 「어부사시사漁父四時詞」는 65세 때 세연정 일대의 사계절 풍경을 노래한 것으로 계절마다 10수씩 읊은 연시조다.

    수국에 가을이 드니 고기마다 살져 있다
    닻 들어라 닻 들어라
    만경 등파에 슬카지 용여하자
    지국총 지국총 어사와
    인간을 도라보니 머도록 더욱 됴타.

고국에 돌아와 저물어가는 시월의 여행지에서 고산의 시 한 수를 속으로 음미하며 세연정을 돌아보는 감회가 남다르다. 「어부사시사」도 좋지만 나는 「오우가五友歌」가 더 좋다. 이 시조는 물, 돌, 소나무, 대나무, 달을 소재로 한 내용으로 그 첫수를 소개하면 다음과 같다.

> 내 버디 멋치나ᄒᆞ니 수석水石과 송죽松竹이라
> 동산東山의 둘 오르니 긔 더욱 반갑고야
> 두어라 이 다 박긔 또 더ᄒᆞ야 머엇ᄒᆞ리.

세연정 주변의 자연풍경이 고스란히 소재가 되어 한데 어우러져 있다. 이 시조는 그가 56세 때 지은 것으로, 병자호란 때 임금을 호위하지 않았다는 이유로 경북 영덕에서 귀양살이하다 풀려나와 자연 속에 묻혀 살던 때의 단가다. 위의 두 시조는 고등학교 시험에 자주 출제되어 아직도 기억한다. 이 시조에 대한 시대적 배경과 그 당시 고산의 심정을 헤아려보게 하는 구절들이다. 주로 한문으로 글을 짓던 시대에 우리말을 쉽고 자연스럽게 구사해서 한글의 예술적 가치를 발현시켰다는 평가를 받고 있다. 그는 송강 정철, 노계 박인로와 함께 조선의 3대 시가인으로 불린다.

그의 일생은 집권 세력인 서인에 강력하게 맞서 왕권 강화를 주장하다 유배 생활과 은거 생활을 거듭했다. 어쨌거나 그는 이 은둔생활을 통해 자연과 더불어 살면서 그의 문학적 역량을 유감없이 발휘했다.

세연정과 윤선도를 떼어놓고 생각할 수 없고 「어부사시사」와 「오우가」 또한 세연정 주변의 자연을 노래한 시조이니 이 세 요소가 어우러져 절묘한 삼위일체를 이루었다. 세상 풍파를 등지고 자연 속에 묻혀 살면서 풍류를 즐기며 살다 간 고산이야말로 조선 시대의 대표적인 풍류객이었다. 나도 남은 생은 세연정에 유배되어 살고 싶다. (워싱턴문학, 2020년)

운현궁 그 사람

운현궁의 봄날이 간다. 꽃들이 저절로 필 것 같은 4월에 한국을 방문했다. 출국 전날 아침, 동생이 고궁에 가자고 해서 따라나섰다. 전철 3호선을 타고 안국역에서 4번 출구로 나가면 바로 왼쪽이 운현궁이다. 무료 개방이어서 입장권을 사기 위해 줄을 서거나 표를 검사하는 절차가 없어서 수월했다. 입구에서 바로 오른쪽에 있는 수직사의 툇마루에 앉아 잠시 쉬면서 주위를 살펴봤다. 평일이라 한적하고 흙 마당이어서 정겹다.

흥선대원군(1821~1898)이 살았던 곳, 아들인 고종(1852~1919)이 즉위하기 전 열두 살까지 살았던 집이다. 중후하고 고풍스러운 기와집 세 채가 주위의 현대식 건물들 품에 고전처럼 안겨 있다. 대원군이 주로 국정을 의논했던 노안당老安堂, 안채인 노락당老樂堂, 그리고 별당인 이로당二老堂이라는 팻말이 가

이드 대신 우리를 안내했다.

　방으로 들어가는 돌층계, 지붕의 높이와 모서리, 처마의 형태, 문설주 하나하나에도 모두 의미가 심오한 건축 형태여서 그 당시 대원군의 위상을 가히 짐작할 수 있었다.

　집 주위에는 해를 품은 듯 환한 진홍빛 모란꽃들이 가는 곳마다 탐스럽게 피었다. 왜 이곳에는 유난히 모란꽃이 많을까. 꽃에도 신분이 있는 걸까? 그 연유를 알아보니 모란꽃은 우리나라에서 예부터 부귀의 상징으로 쓰였고 꽃 중의 왕으로 꼽혔다는 기록이 있다. 조선 후기부터 왕가의 혼례복이나 병풍, 민화 등에서 부귀를 주제로 사용되었고 궁궐의 중전 뜰 앞에만 심을 정도로 귀하게 여긴 꽃이라 한다.

　규모가 그다지 크지 않은 곳이라 산책하듯 걸어 다니면서 구경하는 데 시간이 별로 안 걸렸다. 한 바퀴 돌아본 후 다리도 쉴 겸 다시 수직사 툇마루에 앉았다.

　도심의 한복판에 있는 마당이 큰 집에 놀러 온 것처럼 안온하고 여유로웠다. 궁 안의 곳곳을 배경으로 둘이 교대로 사진을 찍어 주다 보니 함께 찍은 사진이 없었다. 동생이 마침 옆에 앉아있는 이에게 부탁했다. 그가 사진을 찍어 준 후 핸드폰을 건네주며 어디서 왔냐고 묻기에 무심코 워싱턴 D.C.에서 왔다고 했다. 갈색 옷차림에 원래 그런 듯 약간 웨이브 진 헤어스타일의 중후한 인상이었다. 인근에 사무실이 있는 사람이 잠시 바람 쐬러 온 걸까?

   그는 워싱턴 D.C.가 District of Columbia의 약자라는 건 알겠는데 미국의 수도인 워싱턴이 있는 지역은 왜 다른 50개 주State와 달리 D.C. 냐고 물었다. 나름대로 답변은 했으나 그의 의문이 풀렸는지는 모르겠다. 언제부터 그는 그 자리에 있었을까. 우리가 남자였더라면 군대 얘기 같은 공통화제로 스스럼없이 말문을 텄을 것 같다. 학번을 묻고, 대답하는 사이에 그는 어느새 최루탄 가스에 눈물 흘리며 거리로, 거리로 나섰던 학창 시절로 시간을 되돌려 놓았다. 어디선가 그에게 전화가 와서 우린 목례를 한 후 운현궁을 떠났다.

   인파로 활기찬 인사동을 걸었다. 길 양쪽에 즐비하게 늘어선 가게를 기웃거리다가 음식점 골목으로 접어들었다. 식당가를 지나 입구에 실개천이 흐르는 찻집에 갔다. 고즈넉한 안뜰의 햇살을 함께 바라보며 모처럼 느긋한 시간을 보냈다. 동생이 약속한 잡지사에 원고를 전달할 시간이 되어 그 찻집을 나왔다.

   길을 걸으면서 운현궁 그 사람을 생각했다. 그는 왜 그 시간에 그곳에 오게 되었을까. 나는 왜 경복궁에 안 가고 운현궁엘

갔을까. 전생에 옷깃이라도 스쳐야 할 인연이었을까? 잠시 다녀가는 방문객의 여심이 신희상 시인의 「인연을 살릴 줄 알아야 한다」는 시 한 구절로 진화한다.

> 어리석은 사람은 인연을 만나도/인연인 줄 알지 못하고//
> 보통 사람은 인연인 줄 알아도/그것을 살리지 못하며//
> 현명한 사람은 옷자락만 스쳐도/인연을 살릴 줄 안다//

어쩌면 나는 위의 세 유형에 해당하는 삶을 다 살아본 것 같다. 젊어서는 너무 하고 싶은 것이 많아서 한눈팔 겨를이 없었다. 아마도 그래서 그때는 인연을 알아볼 줄 몰랐을 것이다. 이제야 현명한 사람은 못 되나 살아온 연륜이 이전보다 나를 자유롭게 하는 것 같다. 왜 그렇게 갇힌 삶을 살았을까. 모든 관계에 선을 그어놓고 선 저쪽을 그리워하는 죄를 짓지 않으려고 애쓰며 살아왔다. 이젠 지난날들이 무상하게 여겨지는 나이에 이르니 사소한 것에도 애틋해진다.

귀국 후 미국의 수도에 대한 내력을 찾아봤다. 워싱턴은 미국의 초대 대통령이자 건국의 아버지라 불리는 조지 워싱턴 George Washington(1732~1799)을 뜻하고 D.C.는 크리스토퍼 콜럼버스Christopher Columbus(1451~1506)에서 이름을 가져왔으며 미국 어느 주에도 속하지 않는 독립 행정 구역이다. 한편, 컬럼비아Columbia는 '콜럼버스의 땅'이라는 뜻의 라틴어로 인명 접미사인 '-us' 대신 지명 접미사인 '-ia'를 붙인 말이다. 따라서 컬럼비아 구(District of Columbia)는 '어느 특정한 주에 속하지 않는, 미국 연방 직속의 특별한 구역'임을 강조하는 의미를 담고 있다. 미국의 수도가 어느 한 주에 속할 수 없는 속성을 미뤄볼 때 합리적인 특정 지역이라고 생각한다.

운현궁에서 내게 물어본 이에게 제대로 대답하지 못한 것이 애석하다. 영혼이 자유로운 사람 같았다. 봄날의 고궁에서 출국을 하루 앞둔 내 아쉬움이 그렇게 느꼈으리라. 구름이 하늘에서 언뜻 그 형상을 보였다가 사라지듯 잠시 옷깃을 스치듯 지나간 한 줄기 바람이었다. (한국산문작가협회 이사회 수필 57선, 2023년)

주미대한제국공사관 방문기

　워싱턴 D.C.에 6년 전(2018) 새롭게 문을 연 주미대한제국공사관을 방문했다. 백악관에서 북동쪽으로 약 1마일 떨어진 로건 서클Logan Circle에 위치한 이곳은 우리나라가 처음으로 서양에 개설한 재외 공관이다. 1905년 을사늑약으로 일제에 외교권을 빼앗기기 전까지 자주외교의 산실로 16년간 활발히 운영된 곳이다. 그 후 한일강제병합(1910)으로 공사관에 대한 소유권마저 잃게 되었으나 102년 만에 대한민국 정부가 재구입해서 6년 동안의 복원 과정을 거쳐 2018년 일반에 개방되었다.

　이 건물은 주미조선공관원 일행이 1889년 2월부터 입주해서 공사관 용도로 사용하기 시작했고 2년 후 고종이 25,000달러에 사들여서 외교활동의 중심 무대로 쓰였다. 그러나 1910년 8월 일제에 국권을 빼앗겼고 일제는 이 건물을 단돈 5달러에 강제 매입해서 다시 민간인에게 10달러에 되팔아버렸다. 이토록 억울하게 빼앗긴 주미대한제국공사관 건물은 미주 한인사회에서 오히려 독립 정신을 고취하는 장소로 부상되었다. 재미 동포들은 이 공사관 건물을 반드시 다시 찾아야 할 국권의 상징으로 여기게 되었다. 당시 일제강점기의 우리 재미동포들은 태극기를 그려 넣은 주미대한제국공사관 엽서를 제작해서 우편으로 주고받으며 독립의 굳은 결의를 다졌다. 1945년 8월 광복을 했으나 이 건물의 소유권은 되찾지 못했다. 그 후 1990년대 후반에 이 건물을 되찾자는 논의가 본격화되었고 마침내 한국 정부는 2012년 10월에 이 공사관 건물을 350만 달러에 매입계약을 했다.

지상 3층과 지하 1층으로 구성된 이 공사관은 1890년대에 워싱턴 D.C.에 있었던 30여 곳의 외국 공사관 중 원형이 그대로 보존되어 있는 유일한 건물이다. 이 건물이 있는 로건 서클 일대가 1972년 6월에 역사 지구로 지정되어 미 국가 등록문화재로 보호 관리되고 있다.

1층은 공사관 건물 중 가장 공적인 공간이다. 입구에 들어서면 왼쪽에 손님을 맞이한 접견실이었던 객당客堂이 있고, 객당 안쪽에 있는 정당正堂은 핵심 공간으로 고종과 황태자의 사진이 모셔져 있다. 매달 초하루와 보름, 고종의 탄생일 등에 임금이 계신 곳을 향해 망궐례望闕禮를 올렸던 곳이다. 통로 맞은편 오른쪽에는 외교활동을 위한 연회 장소인 식당이 옛 모습 그대로 구현되어 있다.

방마다 그 용도에 맞는 가구와 벽지, 카펫, 창문의 커튼 등 실내 장식은 1890년대 당시 미국 사회에서 유행했던 빅토리안 양식으로 조성했는데 특히 실내 분위기는 격조 높은 문양의 벽지가 차지하는 비중이 크게 느껴졌다. 도자기 화병과 흰색 바탕에 태극기 모양의 자수를 놓아 만든 쿠션이며 꽃과 새를 수놓은 병풍 등 한국의 소품과 장식들은 1893년 객당 내부를 촬영한 사진 자료를 근거로 재현한 모습이다.

2층은 공사관의 업무를 보는 곳이자 사적인 공간이다. 홀 오른쪽은 공사 집무실을 비롯한 공관원 사무실과 서재가 있고 왼쪽에는 공사 침실, 화장실, 욕실 등으로 구분되어 있다. 침대가 작은 걸 보니 그 당시 사람들은 서양인도 체구가 작았던가 보다. 침대 발치 아래쪽에는 어여쁜 꽃신이 두 켤레 놓여있어서 정겨웠다. '처가와 화장실은 멀리 있을수록 좋다'고 했던 그 시절에 침실 바로 옆에 있는 화장실을 사용했을 공사는 어떤 기분이었을까? 하고 잠시 생각하면서 웃었다.

3층에는 원래 공관원들이 묵었던 3개의 방이 있었으나 1943

년에 하나의 커다란 홀로 만들어서 공사관과 한미 우호의 역사를 알리는 전시실로 사용하고 있다.

밖에서 공사관 건물을 마주 보면 바로 오른쪽에 작지만, 한국 전통 정원도 있다. 입구에 불로문不老門이 세워져 있는데 옛 선인들은 이 문을 통과하면 늙지 않는다고 믿고 무병장수와 건강한 삶을 염원했다고 한다. 그 문으로 들어가 뜰 안을 살펴봤다. 꽃무늬가 새겨진 아담한 담을 두른 한국 고유의 정원을 상징하는 공간이 워싱턴 시내에 있다는 것만으로도 뜻깊은 곳이다.

자국을 위해 치열한 외교전을 펼쳤고 최초로 서양의 선진 문물 교류 창구의 기능을 했으며, 나라를 잃은 재미동포들 가슴 속에 자주독립 정신을 사무치게 새겨준 상징적인 장소다. 파란만장했던 역사가 깃들인 이 공사관을 방문하는 한국인마다 모처럼 선조들의 뜨거운 애국정신을 되새겨보는 계기가 되기를 염원한다. (한국산문, 2024년 5월호)

무엇이 사람을 살아가게 하는가
- 위화의 『인생』을 읽고

'머리카락 하나에 3만 근을 매달아도 끊어지지 않는다'는 중국 속담이 있다. 위화의 장편소설 『인생』은 사람이 극한의 상황에서도 어떻게 삶을 살아가게 되는가에 관해 쓴 글이다. 개인의 힘으로는 불가항력적인 시대적 상황과 운명을 어떻게 견디며 살아가게 되는지 주인공인 푸구이의 삶을 통해 보여준다.

이 소설은 농촌으로 민요를 수집하러 간 '나'에게 늙은 농부 푸구이가 자신의 과거를 들려주는 형식으로 전개된다.

부잣집 지주인 쉬씨 집안의 아들로 태어난 푸구이는 기생과 도박에 빠져 모든 재산을 날려버리고 하루아침에 가난한 초가집으로 이사할 수밖에 없는 신세가 된다. 평소에 돈을 번다는 것이 얼마나 힘든 일인가를 가르쳐온 그의 아버지는 그의 조상들이 대대로 어떻게 부를 일구어 왔는지에 대해 아들에게 이렇게 말한다. "옛날에 우리 쉬씨 집안 조상들은 병아리 한 마리를 키웠을 뿐인데 그 병아리가 자라서 닭이 되었고, 닭이 자라서 거위가 되었고, 거위가 자라서 양이 되었고, 양이 다시 소가 되었단다. 우리 쉬씨 집안은 그렇게 발전해 왔지." 그런데 "내 손에서 쉬씨 집안의 소는 양으로 변했고, 양은 또 거위로 변했다. 네 대에 이르러서는 거위가 닭이 되었다가, 이제 닭도 없어졌구나" 하고 탄식하면서 아버지는 그 충격으로 돌아가신다. 어머니와 그의 아내는 큰 소리로 울지도 못하고 그가 죄책감에 아버지 뒤를 따라 죽을까 봐 전전긍긍한다. 어머니는 푸구이를 볼 때마다 "사람은 즐겁게 살 수만 있으면 가난 따위는 두렵지 않은 법이란다" 하고 말하곤 했다. 푸구이는 결국 먹고 살기 위해 전에는 자신의 땅이었으나 그 땅의 소작농으로 전락한 인생이 되고 만다.

아버지 사후, 어머니마저 쓰러져서 푸구이가 의원을 부르러 갔을 때는 중국의 민족해방운동이 국민당과 공산당의 내전으로 막바지에 이르렀을 때였고, 그는 국민당 군대에 붙들려 전쟁에 끌려가 버린다. 2년 만에 겨우 집으로 돌아왔으나 어머니는 이미 타계한 후였다.

그에게는 아내(자전)와 딸(평사)과 아들(유칭)이 있다. 딸 평사는 고열로 인한 후유증으로 벙어리가 되어버린다. 푸구이는 가족 중 누구에게도 자신의 역할을 제대로 못 한 채 살아가던 중에 토지개혁이 시작되어 땅을 분배받는다. 반면에 푸구이의 전 재산을 도박으로 갈취해 간 '룽얼'이라는 자는 악덕 지주로 지목되어 총살당하고 만다. 이렇게 되자 푸구이가 도박으로 땅을 잃지 않았다면 총살을 당한 사람은 아마 자기였을 거라고 생각하게 된다.

너무 가난해서 아들 유칭을 학교에 보내기 위해 말을 못 하는 딸을 남의 집 식모로 보냈으나 구박을 견딜 수 없어 한밤중에 펑펑 울면서 집으로 돌아온다. 그 모습을 본 푸구이는 식구들이 모두 굶어 죽더라도 다 같이 살기로 작정한다. 식량난이 갈수록 심해져서 양식이 떨어졌고 구루병에 걸린 아내는 상태가 점점 악화한다.

열세 살 된 아들은 교장 선생에게 수혈을 해주다가 의사가 채혈을 너무 과도하게 해버리는 바람에 죽고, 착한 청년과 결혼한 딸도 아이를 낳던 중에 죽는다. 엎친 데 덮친 격으로 투병 중이던 아내마저 고통을 견디지 못해 죽고 만다. 결혼해서 평생 온갖 고생을 하면서도 "저는 복 같은 거 바라지 않아요. 해마다 당신한테 새 신발을 지어줄 수만 있다면 그걸로 됐어요"라고 말하곤 했던 지고지순한 아내였다. 게다가 사위조차 일하던 현장에서 사고로 죽고 손자는 먹을 것이 너무 없어서 그가 준 콩을 너무 많이 먹다가 죽고 만다.

  온 가족이 죽고, 죽고, 또 죽고… 나 같은 이는 자식을 하나만 잃어도 평생 가슴에 묻은 채 애통할 텐데 부모와 아내, 두 자식, 심지어 사위와 손자까지도 푸구이보다 먼저 떠나버린다. 더는 잃을 것이 없는 지경이 되니 그는 오히려 이 세상 모든 일에 초연해진다.

  그는 아무도 거들떠보지 않는 늙어빠진 소를 한 마리 사서 그 소의 이름도 '푸구이'라고 지어주며 남은 생을 함께 하고자 한다. 아마도 그는 소를 평생 일만 하다가 생을 마치게 될 또 다른 자기 자신처럼 여겼을 것이다. 그 늙은 소와 노인이 밭을 가는 모습을 상상해 본다. 노인이 늙은 소였다가, 그 늙은 소가 노인으로 여겨졌다가 이윽고 둘은 같은 운명을 타고났음을 느끼게 한다. 한때는 부잣집 지주의 아들이었으나 가난한 농부의 삶을 살게 된 푸구이가 "나는 늘 밭에 있었고, 날이 어두워져도 달빛만 있으면 밭에 나가려 했지"라고 쓴 문장에 밑줄을 그었다. 뭐라고 말할 수 없는 생의 무상함 그 이상의 어떤 경외감으로….

  이 책의 끝부분에 푸구이의 투박해서 더 인상적인 노랫소리가 텅 빈 저녁 하늘에 바람처럼 들려온다.

어린 시절엔 빈둥거리며 놀고
중년에는 숨어 살려고만 하더니
노년에는 중이 되었네

　이 소설을 통해 중국 근현대사도 알게 된다. 국민당, 토지개혁, 문화대혁명에 이르기까지. 그 혼란한 정세 속에서 고통받는 지극히 평범한 개개인의 삶을 이 책은 보여준다. 누구를 위한 개혁이고 혁명인지 알 수 없는 무질서한 세상 속에서 어느 누가 삶의 의미를 찾을 수 있을까. 그토록 험한 생의 고비고비를 묵묵히 견디며 푸구이가 살아가는 과정을 읽으면서 '사람은 살아간다는 것 자체를 위해 살아가지, 그 이외의 어떤 것을 위해 살아가는 것이 아니라는 사실'을 깨닫게 된다.

　현대 중국 문학계의 대표 작가인 위화는 1960년 중국 저장성 항저우시에서 의사인 아버지와 수간호사였던 어머니 사이에서 태어났다. 위화는 고등학교를 졸업하고 보건학교에서 1년간 교육을 받은 후 5년간 치과에서 이를 뽑는 발치의로 근무했다. 박봉과 단조로운 생활에 회의를 느낀 그는 20세가 되면서 오직 이 생활을 벗어나고 싶다는 집념으로 자기가 본 것에 상상을 보탠 글을 쓰기 시작했다. 그 후 루쉰 문학원(중국작가협회 소설 창작반)을 이수했고 1990년 북경사범대 대학원에서 석사학위를 받았다. 1991년(31세)에 첫 장편소설 『가랑비 속의 외침』에 이어서 두 번째 장편소설이 바로 『인생』(1992)이다.

  2019년에 베이징 사범대학교 교수로 임용된 그는 현존하는 중국 작가 중 세계 독자를 가장 많이 가진 작가다. 그의 작품들은 한국과 미국, 프랑스, 독일, 이탈리아, 일본 등 42개의 언어로 세계 여러 나라에서 번역 출간됐다. 『인생』은 현재까지 중국 내에서만 2,000만 부 이상이 팔린 대 히트작이다. 2007년 출간된 번역본 『인생』(백원담 역, 푸른숲)은 국내에서 지난 10년간 가장 많이 팔린 중국소설로 굳건히 자리를 지키고 있다.

(한국일보/워싱턴, 2024.4.9)

5부

울음터 하나

뜻밖의 신세계

청춘이란 인생의 어떤 한 시기가 아니라/마음가짐을 뜻하나니/(…) /때로는 스무 살 청년보다 예순 살 노인이 더 청춘일 수 있네/누구나 세월만으로 늙어가지 않고/이상을 잃어버릴 때 늙어가나니//세월은 피부의 주름을 늘리지만/열정을 가진 마음을 시들게 하진 못하지/(…)

나이를 생각하면 선뜻 무엇을 시도해 볼 엄두가 안 날 때, 새뮤얼 울먼(1840~1924)이 78세에 쓴 「청춘」이라는 시를 되새기곤 한다. 오래전부터 아름다운 풍경과 그 풍경에 어울리는 배경음악을 곁들여 내가 좋아하는 시를 낭송해 보고 싶었다.

2023년 말에 퇴직한 후 뭔가 취미활동을 해보고 싶던 차에 지인으로부터 시니어 아카데미에서 봄 학기 수강생을 모집한다는 소식을 접했다. 마침, 내가 배우고 싶었던 PC 메이커 반,

iMovie 반, 윈도 컴퓨터 반이 있어서 세 과목을 등록했다. 3월부터 5월까지 3개월 과정이다.

개강 첫날, 시니어 아카데미는 뜻밖의 신세계였다. 250여 명에 달하는 수강생, 강사, 점심을 제공하는 자원봉사자들 모두가 시니어들인데 젊은이들 못지않게 활기가 넘쳤다. 노인대학은 하릴없는 노인들이 심심풀이 삼아 다니는 곳이라는 선입견이 있고 나 또한 그러려니 했다.

그런데 의외로 내가 택한 세 과목 모두 배운 것을 철저히 복습해야 그다음 과정을 따라갈 수 있었다. 그야말로 이론과 실기를 열심히 익히느라고 바쁘면서도 신명 나는 시간이었다.

그렇게 한동안 뭐든지 할 수 있을 것 같은 열기로 충만한 느낌 속에 푹 젖어 봄날이 갔다. 직장생활과 가사 활동으로 인해 시간적인 여유가 거의 없었던 젊은 시절에 비하면 은퇴 후의 지금은 얼마나 좋은 여건인가. 배우는 과목마다 새로운 분야여서 마치 눈뜬장님이 비로소 시력을 회복해 가는 과정 같았다. 클릭만 하면 뭐든지 원하는 것을 골라서 볼 수 있는 유튜브에 대한 나의 인식이 달라졌다. iMovie 반에서 3분 정도의 유튜브 하나를 완성하기까지 얼마나 큰 노력과 시간이 소요되는지를 알게 되었다. 부족한 대로 내 손으로 유튜브를 하나 만든 성취감을 누렸다. iMovie 반에서는 전화나 카톡, 사진 찍기 정도만 사용해 왔던 아이폰으로 사진과 비디오와 음악을 결합해서 멋진 영상을 만드는 방법을 배웠다. 정말 신기한 신세계가 내 손안에 든 아이폰에 있음을 알아가면서 삶의 질이 개선되는 느낌이었다.

수강생이 가장 많은 반은 윈도 컴퓨터 반이었다. 하드웨어의 구조와 소프트웨어에 대한 컴퓨터 용어를 비롯한 전반적인 기능을 체계적으로 배울 수 있는 참으로 유익한 시간이었다. 강의 시간마다 누가 무슨 질문을 해도 질문한 이가 확실히 이해할 때까지 끝까지 가르쳐 주고자 하는 강사들의 열정이 하도 진지해서 절로 열심히 배우게 되었다. 한꺼번에 세 과목이나 배우느라고 어느 한 가지도 제대로 못 한 아쉬움에 다시 가을 학기가 기다려진다. 이젠 내게 그토록 원했던 시간적인 여유가 있으니 그동안 해보고 싶었던 것들을 기꺼이 시도해 보리라.

"당신은 당신의 자신감만큼 젊고, 당신의 공포만큼 늙는다. 당신의 희망만큼 젊고, 당신의 절망만큼 늙는다"고 한 새뮤얼의 명언이 나와 같은 노년의 금언이 되어야 하리. 그래서 남은 생을 스무 살 청년처럼 예순 살 노인도 청춘일 수 있는 삶을 살 수 있으면 얼마나 좋을까. (한국일보/워싱턴, 2024.7.12)

멋진 세상

'오, 얼마나 멋진 세상인가!' 이 노래에 맞춰 나와 춤추는 앨리스(딸)의 웨딩드레스가 눈부시다. 우린 춤을 추며 아무 말을 못 했다. 신부가 침묵을 깨고 "엄마, 우리 이마를 맞대고 춤출까?" 그래서 모녀는 스스럼없이 이마를 맞대고 서로를 안아주듯 손을 맞잡고 춤을 췄다. 두 가슴에 30여 년 동안 흘러간 세월이 눈물로 흐르지 않도록 애써 미소 띤 얼굴로 하객들의 박수를 받으며 연기를 했다. 지인들이 울컥했다고 한다. 아마 우리 둘은 몸으로 울었던가 보다. 그러면 그렇지 내 너를 보내는데 어찌 멀쩡할 수 있겠는가.

> 푸른 나무와 빨간 장미를 보았네/
> 너와 나를 위해 피어나는 모습이여/
> 나는 생각하네/이 얼마나 멋진 세상인가를//

결혼식 한 달 전쯤 밤에 딸이 문자를 보냈다. 예식 후 파티 때 엄마와 함께 춤출 때 이 노래가 어떠냐고 묻는 내용이었다. 원제목은 「What a Wonderful World」인데 잔잔하게 흐르는 곡조에 맞춰 부르는 여 가수(Kina Grannis)의 노을빛 목소리에 마음이 젖는다. 그날 이후로 잠들기 전이나 잠이 안 올 때마다 이 노래를 듣곤 했다.

저 푸른 하늘과 하얀 구름을 보았네/
밝고 축복된 낮과 성스럽고 어두운 밤/
나는 생각하네/이 얼마나 멋진 세상인가를//

정말 멋진 세상이다. 외동딸이 결혼을 하는데 어찌 기쁘지 않겠는가. 이 노래를 들을 때마다 모녀의 지난날들이 스치고 지나갔다. 서른여덟 살 차이의 모녀간의 세대 차이, 한국과 미국의 문화 차이, 지극히 보수적인 엄마와 미국에서 태어난 사춘기 무렵의 딸과의 갈등이 만만치 않았다. 한국식 예절을 가르치기가 어려웠다. 인사하는 방법, 소파에 앉는 자세, 어른들께 뭔가를 드릴 때는 공손하게 두 손으로 드리는 것과 같은 사소한 예법 등에 대해 아이는 몹시 불편해했다. 특히 '여자는 그러면 안 된다'는 말을 전혀 이해하지 못했던 아이가 어느새 숙녀가 되어 아름다운 웨딩드레스를 입었으니 이 얼마나 멋진 세상인가.

10여 년의 교제 후, 한국과 달리 사위가 될 청년과 딸이 1년 동안 하나하나 계획을 세워가는 과정을 지켜보면서 결혼식 준비는 본인들이 하는 것이 지극히 당연하다는 생각이 들었다.

목련꽃은 피었어도 아직 잔설이 희끗희끗한 이른 봄날에, 결혼 앨범 제작 촬영팀의 요청대로 여름옷을 입고도 환하게 웃고 있는 모습을 찍은 사진들을 보면서 감회에 젖었다. 나는 감기 들까 봐 걱정되었는데 젊음은 겨울도 여름처럼 뜨겁게 하는 어떤 기운을 느끼게 한다.

> 하늘에 뜬 무지개 빛이/너무 아름다워/
> 지나가는 사람들의 얼굴에도 그 빛이 어리네//
> 친구들이 악수하며/"잘 지내느냐고"고 하네/
> 하지만 사실은 "난 너를 사랑해"
> 라고 말하고 있지//나는 속으로 생각하네/
> 이 얼마나 멋진 세상인가를//

마음속으로 이 노래를 허밍 하면서 8월이 가고 9월이 가까워지니 날씨가 걱정되었다. 1년 전에 예약한 날에 비가 올지 태풍이 불지 어느 누가 알겠는가. 아무튼 바닷가 야외에서 결혼식을 올리고 싶어 하는 예비 신부 곁에서 내 마음이 더 초조했다. 비가 올 경우 실내에서 할 수 있는 장소도 근사하게 준비되어 있지만 딸이 원하는 대로 야외에서 할 수 있으면 얼마나 좋을까… 다행히도 날씨는 한없이 맑고, 노랫말처럼 초가을의 푸른 하늘에 흰 구름이 떠가는 청명한 날이었다. 내 생에 단 한 번뿐일 딸과의 춤은 날씨가 도와줘서 정말 춤추고 싶은 날이었다.

> 아기가 우는 소리를 듣고/자라가는 것을 봤지/
> 내가 알던 것보다 훨씬 많이 배울 거야/
> 나는 생각하네, 이 얼마나 멋진 세상인가를/
> 그래, 나는 생각하네/이 얼마나 멋진 세상인가를//

머지않아 딸이 엄마가 되어 아이들을 키우게 될 세상은 상상만 해도 정말 멋진 세상일 것 같다. 부디 우리 아이들이 부모가 되어 그들의 아이들이 자라게 될 세상은 내가 살아온 세월보다 훨씬 평화롭고 안전한 곳이 되기를 간절히 바라면서 나도 노랫말처럼 멋진 세상을 꿈꾸어도 좋으리. (워싱턴문학, 2024년)

꿀벌 장례식

5월의 이른 아침 산책 후, 거실 옆문으로 들어오다가 창문에 벌들이 기어 다니는 걸 보고 흠칫했다. 혹시라도 나중에 다시 나가다 벌에 쏘이면 어쩌나 하는 조바심이 나서 별생각 없이 살충제로 벌들을 제거했다. 문득 내가 사는 워싱턴의 일간지에서 벌들이 사라지고 있다는 기사를 읽은 기억이 나서 마음에 걸렸다.

몇 년 전 꿀벌 살충제 사용에 항의하는 사람들이 파리 중심가에 모여 꿀벌 장례식 퍼포먼스를 한 적이 있다. 이 모의 장례식은 인간의 생존이 꿀벌의 운명과 불가분의 관계에 있음을 상기시켜 준 행사였다.

꿀벌 애호가였던 엘리자베스 2세(1926~2022)가 서거했을 때는 궁정 양봉가가 버킹엄궁에서 기르고 있던 수만 마리의 꿀벌에게 여왕의 죽음을 알렸다. 벌통 주위에 검은 리본을 달고 일일이 벌통을 조용히 두드리면서 꿀벌들에게 여왕의 사망 소식을 전했고, 이젠 새 주인인 찰스 3세가 그들을 잘 돌봐 줄 것이라고 속삭였다. 이렇게 꿀벌에게 주인의 죽음을 알리는 행사는 유럽의 양봉가들이 해온 관습이다. 여왕의 양봉가가 그랬듯이, 집안 가장의 죽음을 벌들에게 알리는 것이다. 그들은 이렇게 하지 않으면 벌들이 벌통을 떠나거나 꿀 생산을 중단하거나 죽는 일이 일어난다고 굳게 믿고 있다.

양봉가들과 환경 운동가들은 꿀벌이 급속도로 사라지고 있는 원인을 살충제, 기생충, 지구온난화 등이 주요 원인이라고 보고 있다. 특히 지구온난화로 인한 기상이변으로 꼽는다. 겨울이 더 따뜻해서 꿀벌이 겨울잠을 자지 않고 생활하다가 수명 단축으로 겨울잠에서 깨어날 때까지 버티지 못하고 중간에 죽는다는 것이다.

전 세계 식량의 90%를 차지하는 100대 농작물 중에서 70% 이상이 꿀벌과 같은 화분 매개 동물의 수분 활동 도움을 받아 생산된다고 한다. 또한, 벌은 다양한 식물과의 상호작용을 통해 생태계의 균형을 유지해준다. 이처럼 벌은 수분 매개체로서 식물의 생존과 번식에 필수적인 역할을 하는 동시에 그 식물에 의존하는 다른 동물들에게도 지대한 영향을 미친다.

이렇게 인간의 생존과 생태계에 직결되는 꿀벌이 사라지면 어떻게 되는 될까?

알베르트 아인슈타인(1879~1955)은 "벌이 멸종한다면 인류는 4년밖에 더 못 살 것이다. 벌이 없으면 꽃가루받이가 없고, 식물이 없고, 동물이 없고, 사람도 없다"고 극단적인 예언을 했다는데 사실이 아니기를 바라지만 전혀 터무니없는 말이 아닌 것 같다. 이는 한국인이 가장 좋아하는 외국 작가로 선정된 바 있는 프랑스 작가 베르나르 베르베르의 소설 『꿀벌의 예언 1』에서 언급한 내용이기도 하다.

한국인이 애호하는 토종꿀도 사라지는 위기에 놓여있다. 빈 벌통들을 모아 불태우면서 양봉업이 생업인 가장들이 눈물을 글썽이며 막막해하는 모습들을 유튜브로 보면서 참 안타까웠다.

2013년에 한국인 최초로 꿀벌동물병원을 개설한 '정년기' 수의사가 있다. 꿀벌만 전문으로 치료하는 수의사이며 아픈 꿀벌이 있는 곳이라면 전국 어디든지 달려간다. 최근에 KBS와의 인터뷰에서 정 원장은 "벌이 살 수 있도록 환경 여건을 만들어줘서 우리가 서로 공존, 공생해야 한다는 배려와 사랑이 있어야 한다"고 호소했다.

꿀벌은 아니지만, 본의 아니게 나는 벌을 제거한 죄인이 된 심정이다. 벌에 대한 트라우마가 있는 나는 벌만 보면 무서워서 오랑캐 무찌르듯 했다. 10여 년 전 봄에 피크닉을 갔다가 벌에 쏘여서 순식간에 오른손이 퉁퉁 붓고 벌침의 독이 퍼져서 참을 수 없는 고통을 겪었기 때문이다.

　해마다 이즈음이면 꽃밭에는 가지각색의 꽃들 사이를 꼬맹이 벌들이 드나들고, 뒤뜰에는 애호박이 자라도록 호박꽃들에 꽃가루를 부지런히 옮겨주는 벌들이 새삼 고맙다. 마음이 바뀌니, 생각도 달라져서 두려움의 대상이었던 벌들이 이젠 나를 먹여 살리는 도우미로 여겨진다. 이제부터라도 우리 모두 벌들을 귀하게 여기고 보호해주면서 더불어 살아야 하리라.

(2024년 5월)

시인이 '시'에게 쓰는 편지

시에게 (최연홍)

이제 내게 남은 것은 시입니다
나는 시에 의지해
해체되는 정신과 몸을
지탱할 것입니다
어머니도 세상을 떠나셨고
이제 남겨진 것은
오직 시뿐입니다

시는 견고해서
내 정신과 육체가 해체되어
풍장이 되어도
산처럼

그렇게 나를 지켜줄 것입니다

당신의
창밖에
봄이면 들녘의 야생화로 피어났다가
여름이면 신록으로 숲을 아름답게 하고
가을이면 단풍나무로 서 있다가
겨울이면 천국에서 하강하는 눈으로
올 것입니다

먼 길을 걸어온 나그네처럼

최연홍(1941~2021) 시인이 이리 황망히 이승을 떠나게 될 줄을 누가 알았겠는가….
 그가 시에게 쓴 편지는 시가 되고, 시가 된 편지는 이제 시인의 유언이 되었다.
 삼가 고인의 명복을 빌며 그의 시집 『하얀 목화꼬리사슴』(2015)에 실린 「시에게」를 통해 그에게 시는 무엇이었는가를 헤아려보고자 한다.

이제 내게 남은 것은 시입니다/나는 시에 의지해/

해체되는 정신과 몸을/지탱할 것입니다//

　이승을 떠나려고 그랬던가. 시인은 이미 많은 것을 정리하고 오로지 시만을 붙들고 있었던 듯하다. 어쩌면 시가 그를 마지막 순간까지 붙들어준 유일한 버팀목이었던 것 같기도 하다. 오랫동안 불면에 시달렸던 시인의 해체되어가는 영과 육을 지탱할 수 있게 해준 것은 시였다. 그의 시에는 그가 살아있게 하는 어떤 근원적인 힘이 내재해 있는 것 같다.

　　어머니도 세상을 떠나셨고/이제 남겨진 것은/
　　오직 시뿐입니다//

　그는 노모를 모시기 위해 한국에서 여러 해 동안 모친과 함께 지냈다. 지극한 효자였던 그에게 모친과의 사별은 생의 중심을 휘청거리게 했을 것이다. 정신적 고향을 잃은 것 같았을 상실감 중에도 그를 지켜준 것은 오직 시였다.

　　시는 견고해서/내 정신과 육체가 해체되어/풍장이 되어도/
　　산처럼/그렇게 나를 지켜줄 것입니다//

그에게 시는 종교였다. 그의 정신과 육체가 마치 시로 건축된 듯하다. 자신을 이루고 있는 영과 육이 분해되어 바람 속에 먼지처럼 사라진다 해도, 시만은 그를 최후의 순간까지 지켜 주리라는 불변의 믿음을 보여주고 있다.

> 당신의/창밖에/봄이면 들녘의 야생화로 피어났다가/
> 여름이면 신록으로 숲을 아름답게 하고/
> 가을이면 단풍나무로 서 있다가/
> 겨울이면 천국에서 하강하는 눈으로/올 것입니다//

늘 함께 있고 싶은 지인들의 창밖에, 계절이 바뀔 때마다 꽃과 신록과 단풍으로 서 있다가 겨울이면 참았던 그리움을 쏟아내듯 눈이 되어 내려오겠다는 약속을 남기고 시인은 그렇게 우리 곁을 떠났다.

> 먼 길을 걸어온 나그네처럼//

그는 자신에게 주어진 생의 여정을 마친 것 같은 예감을 했을까. 더 가야 할 길이 남아있지 않은 나그네의 심정을 담담하게 전하는 것 같다. 생전의 고인을 기리며 이 한 편의 시를 통해 시인에게 시는 무엇이었던가를 지극히 주관적인 안목으로 재해석해본다.

최연홍 시인을 마지막 본 것은 작년 8월 말 우체국에서였다. 그 무렵에 출판된 그의 영시집 『Snows of Kilimanjaro』를 한 권 그날 받았다. 병환 중에 인사도 제대로 나누지 못해 미안하던 차에 시집까지 받게 된 것이다. 췌장암으로 키모 치료를 마친 직후였고 쇠약해진 체구와 삭발한 모습을 보고 나는 가슴이 내려앉았다.

그런데 정작 그는 소년처럼 맑게 웃으며 치료가 잘 되어 거의 완치되었다며 밝은 표정이었다. 그가 지인들에게 시집을 우편으로 보내주기 위해 우체국 창구로 가 있는 동안, 같이 온 부인도 매우 긍정적으로 얘기해서 정말 다행이라고 생각했다. 조만간 식사라도 함께하자며 우린 헤어졌다. 집에 돌아와 그가 준 시집을 열어보니 "시가 있는 에세이를 쓰세요"라는 문구가 쓰여 있었다.

새해 인사차 부인과 통화했을 때만 해도 80회 생신 파티를 계획할 정도로 밝은 목소리여서 참 다행이라고 안심했다. 그런데 며칠 후에 부음을 접하고 나는 이 거짓말 같은 사실을 믿어야만 했다. 참 허망했다.

하찮은 풀꽃도 그 피고 진 자리에 봄이 오면 다시 피어나고,

떠났던 새들도 때가 되면 다시 돌아와 제 목소리를 들려주는데, 사람은 한 번 가면 다시 돌아오지 못하니 아무쪼록 인연을 소중히 여길 일이다.

1990년, 워싱턴문인회를 창립하고 초대 회장을 역임한 지 30여 년의 세월이 흘렀다. 오늘의 워싱턴문인회로 발전하기까지 그 기초를 마련해준 시인의 노고에 깊이 감사드리며 다시 한 번 고인의 명복을 빈다. (워싱턴문학, 2021년)

아기 공장

아직도 잊히지 않는다. 지난해 11월 중순 무렵이었다. 신문을 읽다가 남루한 옷차림의 여인들이 얼굴을 가린 채 찍힌 사진에 시선이 멈췄다. 사진 아래에는 "캄보디아에서 외국인 상대 아기 공장 적발, 여성들 1만 달러 약속받고 주택에 합숙하며 임신·출산"이라고 쓰여 있다. 이게 무슨 소린가. 아기도 공장 물건처럼 낳아서 수출하는 세상인가. 공장이라는 사전적인 의미는 '일정한 기계를 설치 사용하여 원료나 재료를 가공해서 물건을 만들어 내는 곳'이라고 되어 있다. 아기를 물건으로 취급한 기사 제목도 자극적이지만 이미 배가 상당히 부른 세 여자의 모습을 보면서 가슴을 쓸어내렸다.

『크메르 타임스』와 외신에 의하면, 현지 경찰이 캄보디아 수도 프놈펜에 있는 한 주택을 급습해서 적발된 삼십 대 전후의 젊은 여인들이었다. 돈을 받고 외국인을 위해 아기를 대신 낳아 줄 여성들을 합숙시키는 이른바 '아기 공장'이 적발된 것이다. 경찰은 그곳에서 대리모 열한 명과 관리인 네 명을 체포했고 달아난 공범 세 명을 추적하고 있다. 이들은 정자 주입 때 200달러를 받고 임신 기간에는 하루 10달러를 식비 명목으로 받는다고 한다. 출산하면 최고 1만 달러를 벌 수 있다는 말을 듣고 고용된 봉제공장 근로자들이다. 열한 명 중 열 명이 임신한 상태다. 현지 법원은 적발된 사람들을 모두 인신매매 혐의로 기소했다는데 아기를 원한 사람들에 대해서는 아무런 언급이 없다.

사람이 자신의 욕구 충족이나 생계유지를 위해 어느 정도까지 추락하게 되는가를 보여주는 것 같다. 이런 경우 '아기'와 '돈'이라는 쌍방의 필요조건에 합의한 것이니 '갑'과 '을'의 관계라고도 할 수 없어 할 말이 없다. 오히려 당사자들은 누이 좋고 매부 좋은 것과 같은 이치라고 여길지도 모른다. 상식도 진화하는가. 요즘 세상은 보통 사람들의 도덕적인 기준을 초월해야 살 수 있는 사람들이 늘어가는 것 같다.

3개월이 지난 지금 열 명의 대리모들 태중에서 자라고 있던 태아들은 어찌 되었을까. 아기들이 건강하게 태어나서 정자를 제공한 이들 품으로 무사히 돌아갔을까? 그 여인들은 약속한 1만 달러를 제대로 받았을까? 남편이 있는 여자들은 대리모 역할은 할 수 없을 것이다. 미혼 여성들이라면 더더욱 그럴 수 없어야 한다. 이미 현실적인 사실을 부정하려는 내가 진부한 상식에 갇혀있는 것 같다. 1만 달러를 벌기 위해 얼굴 한 번 본 적 없는 남자의 정자를 받아들이고 임신해서 아이를 낳아주기까지 거의 1년 세월을 저당 잡힌 여인들, 아이를 낳아준 후 그들의 미래는 어떻게 되는 걸까. 아직 미혼이라면 제대로 결혼할 수 있을까?

위의 사실을 추정해보건대 아기를 못 낳는 열한 쌍 이상의 부부와 대리모 열한 명, 관리인 네 명, 달아난 세 명을 포함하면 모두 사십 명이 공범들이다. 이미 오래전부터 이런 일들이 비일비재했던가 보다. 캄보디아는 2016년 상업적 대리출산을 전면 금지했다. 그러나 2017년 8월 호주인 부부 열여덟 쌍과 미국인 부부 다섯 쌍을 위해 현지인 여성 스물세 명을 모집해서 인공 수정을 시술한 혐의로 호주인 간호사가 체포돼 징역 1년 6개월을 선고받았다. 2018년 6월에도 중국인을 위해 고용된 대리모 서른세 명이 적발돼 사회 문제가 되었다. 사람이 어떻게 살아야 하는가에 대한 최소한의 경계를 잃어버린 시대를 사는 것 같아 뭐라고 말할 수 없이 쓸쓸하다. (워싱턴문학, 2019년)

울타리

　우리 집 울타리는 어쩌면 이 집을 처음 지었을 때부터 집과 나이가 동갑일 것이다. 이천 년 사 월에 이사 왔으니 내 울타리가 되어 준 것만 해도 이십삼 년이 되어간다.

　새것으로 교체할 생각을 하게 된 것은 뒤뜰에 조그마한 정자(Gazebo)를 하나 지은 후부터다. 전에는 익숙한 풍경처럼 예사로웠는데 새 건물을 짓고 나니 너무 낡아 보였다. 아무래도 새 울타리로 바꿔야 할 것 같아 몇 군데 가격을 알아보니 만 달러가 넘는다. 그때 울타리 저쪽에는 누가 살고 있는지 궁금했다. 어쩌면 비용을 같이 부담할 수도 있을 것 같았다. 이 일로 서로 인사도 나눌 겸 이웃집들을 방문하게 되었다.

　뒷집에는 50대 후반으로 보이는 미국인 부부가 살고 있다. 마침 그 집 남자가 집 앞에 있어서 자연스럽게 인사를 나눈 뒤

용건을 말하게 되었다. 그 집 옆쪽 뜰과 접해 있는 울타리를 교체하려고 하는데 괜찮겠냐고 물으니 쾌히 그러라고 했다. 그쪽에서 울타리가 있는 곳을 살펴보니 라일락과 수국, 큰 나무들이 조화를 이룬 정원이 되어 자연스럽게 우리 집을 가리고 있다. 그래서 울타리 비용에 대해서는 말할 수 없었다.

왼쪽 울타리가 있는 집을 찾아가니 러시아인 부부가 살고 있다. 울타리가 없었더라면 뒷집도 왼쪽 집도 훤히 보이는 바로 코앞의 이웃이건만 양쪽 집 앞까지 가는 데는 차로 가야 하는 구조로 되어있다. 초인종을 누르니 그 집 아들인 청년이 나왔다. 부모님과 인사를 하고 싶다고 했더니 아버지가 병환 중이라 어머니는 아버지 시중을 드는 중이라고 했다. 그 청년에게 두 집 사이의 울타리를 교체하기 위해 의논차 내가 다녀갔다는 말을 전해달라며 연락처를 주고 집으로 돌아왔다.

이제 파키스탄인 부부가 사는 오른쪽 집에 말할 차례였다. 동네 차도에서 집으로 들어오는 드라이브 웨이를 두 집이 공동으로 사용해서 수시로 보는 이웃이다. 이 집 남자는 매사에 세심한 사람이다. 그에게 울타리가 오래되어 교체할 때가 된 것 같다고 했다. 그는 잠시 생각하더니 그럼 지금 있는 울타리를 그대로 두고 우리 집 안쪽으로 새로 울타리를 하는 것이 좋겠다고 한다. 아마 비용을 부담하지 않으려고 그런 것 같아서 그렇게 하기로 했다. 그런대로 우린 잘 지내온 이웃인데 이 일로 서로 심기가 불편한 관계가 되지 않기를 바랐다.

애초에 나는 울타리 값 분담을 요청하려고 이웃들을 찾아간 것인데 결국 아무에게도 말을 못 했다. 생각해 보니 COVID-19로 모두가 경제적인 어려움을 겪고 있는 시기에 꼭 필수적이지 아닌 일에 선뜻 돈을 쓸 생각이나 여유가 없을 것 같았다. 목마른 사람이 우물을 판다고 하지 않던가, 그들은 울타리를 교체할 생각이 없다는 걸 느꼈고 준비해간 가격 견적서는 전하지 못한 채 서로 반갑게 인사를 나누고 돌아왔다.

한 달여 후, 업자로부터 울타리 교체 일정이 정해져서 이웃 사람들에게 미리 알리는 과정에서 이름도 서로 알게 되어 소통하는 계기가 되었다. 뒷집에는 제니 부부가 살고, 왼쪽 집에는 바바라 부부가 살고 있으며, 오른쪽 집에는 야시카 부부가 산다.

울타리는 자기 땅의 경계를 표시하는 역할도 하지만 사생활을 보호해주는 보다 중요한 역할을 하고 있음을 새삼 느낀다. 여름철에 뒤뜰에 나가면 어디선가 물 흐르는 소리가 계속 들려서 혹시 우리 집 수도가 땅속 어디선가 새는 게 아닌가 하고 염려했다. 그런데 이웃집 방문 후 그 집 수영장에서 물을 수시로 갈아주는 소리임을 알게 되었다. 아마도 러시아인 부부는 여름철이면 수영과 일광욕을 즐기는 사람들인 것 같다.

울타리 교체 비용을 분담하자는 말은 못 했으나 내 이웃에 누가 살고 있는지 알게 된 좋은 계기가 되었다. 오른쪽 집도 내가 계획한 대로 오래 된 울타리를 제거하고 그 자리에 새 울타리로 교체하도록 해서 그리했다.

삶의 방식이 각기 다른 이웃끼리 지금까지 서로 평화롭게 살고 있음이 새삼 감사하다. 새 울타리를 한 후에 보니 뒤뜰이 훨씬 환하고 넓어 보인다. 내 이웃들도 나처럼 기분이 산뜻하고 행복하면 좋겠다. (워싱턴문학, 2023년)

겉과 속

　강 여사의 부음을 듣고 고별예배에 참석했다. 성탄절 직전이라 예배당 안은 붉은 포인세티아와 화환들로 화려하다. 관 속에 누워있는 그녀를 허망하게 바라본다.

　예배가 진행되고 설교자의 '본향'에 관한 위로 말씀을 들으니 내가 유가족이 된 것처럼 처연하다. 추모곡에 이어 그녀의 아들과 다섯 손주들이 차례대로 조사를 읽는다. 맨 나중에는 검은 상복 차림의 가냘프고 수척한 여인이 단 위에 서 있는데 말을 잇지 못하다가 "어머니…" 하고 끝내 울음보를 터뜨렸다. 장내는 숙연해지고 울음소리에 전염된 조문객들도 속울음을 울었다. 비디오로 보여주는 고인의 생애는 남부러울 것이 하나도 없었을 것 같다.

　이십 대에 남편을 만나 결혼생활 50년, 미국 이민 생활 40년, 직장생활 30년, 신실한 신앙생활과 봉사활동 외에도 틈틈이 문학 활동과 그림 공부하며 지내다 칠십 중반에 고인이 되었다. 더구나 남편이 담임목사인 교회에서 생을 마감하는 예배를 드리게 된 그녀가 한없이 부러웠다.

  나와의 인연은 그녀가 우리 문학 그룹의 회원으로 가입하면서 비롯되었다. 전형적인 현모양처 모습에 조용한 여인이라 어쩐지 마음이 끌려서 내가 먼저 인사를 하곤 했다. 가을 어느 날 그녀에게서 소포가 왔다. 유명 산지의 꿀이었다. 뜻밖의 선물을 받고 그녀의 따뜻한 정이 느껴져서 감동했던 기억이 아직도 새롭다. 그런데 나중에 보니 유효기간이 거의 1년이나 지난 것이어서 좀 민망했다. 아마도 귀한 것이라 아껴 뒀다가 별생각 없이 보낸 것이리라.
  생각해보니 어쩌면 그 무렵부터 시작된 병이었던 것 같다. 그녀가 모임에 안 나온 지 7년 만에 부음을 듣게 된 것이다.

  정말 열 길 물속은 알아도 한 길 사람 속은 모를 일이다. 고별 예배를 마친 후 고인에 대한 가슴 아픈 얘기를 듣게 되었다. 생전에 남편에게 여자가 생겨서 마음고생이 심했다고 한다.
  남편은 그 여자와 동거하기에 이르렀고 강 여사는 그 여자만 보면 가슴이 떨려서 감정을 추스르지 못한 채 가슴앓이를 하다가 치매를 앓기 시작했다.

  병이 심해지자, 남편과 동거하던 여자가 아예 도우미로 들어와 한 집에서 셋이 함께 살았다. 기억력을 잃은 강 여사는 그 여자와 어디든 함께 다녔다. 함께 사는 여자가 남편의 동거녀라는 것도 모르고 같이 다니는 걸 본 그녀의 친구는 자기 일처럼 분개했다. 남편과 동거녀는 그녀를 요양원으로 보냈고 그녀는 그곳에서 쓸쓸히 생을 마쳤다. (2020년 1월)

모국의 문화유산 답사 여행기
– 동양정신문화연구회

    그야말로 시월의 멋진 가을날에 서른두 명의 일행이 모국 문화답사 여행을 다녀왔다. 매월 둘째 토요일 조지 메이슨 대학교에서 노영찬 교수의 강의를 듣는 동양정신문화연구회의 그룹 여행이었다. 이 여행의 특징은 단순한 관광이 아니라 우리의 정신적 유산과 종교적인 전통과 민족의 맥박을 짚어 보고자 한 순례자의 자세로 시도했다는 점이 독특했다.

    대체로 연세가 많은 분인데 우리 조상들의 정신적인 발자취를 찾아가는 행로가 참으로 경건했다. 염려했던 바와는 달리 아무도 낙오하지 않고 진지하고 흥미 있는 여행이었다.

    4박 5일간의 방문지는 주로 종교적이고 역사적 의미가 있는 곳들이다.

    불교 전통으로는 고려 때 보조국사 지눌이 선종을 일으킨 송광사와 팔만대장경으로 유명하고 성철 스님이 계셨던 해인사를 답사했다.

유교 쪽으로는 안동의 퇴계 선생의 도산서원과 류성룡의 가문을 자랑하는 병산서원 등을 돌아보면서 조선 시대 유교 전통의 숨결을 느낄 수 있었다.

천주교를 방문한 곳은 전주한옥마을에서 가까운 전동성당으로 한국 최초의 천주교 첫 순교 터 위에 세워진 신앙의 성지였다.

이 밖에도 강릉의 오죽헌 전시관을 통해서는 한국 여성의 이상형으로 꼽히는 신사임당과 아들인 이율곡의 학문과 인품을 느낄 수 있는 여러 전시물을 살펴봤다. 이어서 한국 여성사에서 뛰어난 재주와 동시에 비극적인 삶을 살았던 허초희(난설헌)의 옛집도 방문했다.

한류열풍을 타고 한국이 세계무대에 등장하면서 우리가 다시금 우리 것의 가치를 되찾아야 할 뿐 아니라 우리의 유산을 전 세계에 자랑스럽게 내놔야 한다는 것이 이번 여행의 목적이었다. 또한, 오랜 미국 생활을 했고 대부분 전문직에서 은퇴한 분들이 모국의 발전상을 돌아볼 좋은 기회이기도 했다.

우리 일행이 직접 현지답사를 한 지역은 전주, 목포, 순천, 여수, 진주, 부산, 경주, 합천, 구미, 안동, 평창, 강릉 등지이다. 아직도 눈에 선한 전주한옥마을에서 본 신혼부부들의 아름다운 한복 차림, 해가 질 무렵 산 그림자 깊어져 가는 송광사 노송들 사이로 불어오는 바람, 그 옛날의 논개를 회상케 했던 진주 남강 촉석루, 유서 깊은 경주 불국사, 평창올림픽 성화대, 나도 모르게 맨발로 걸었던 경포대의 모래사장과 파도 소리… 일일이 눈으로 보고 가슴으로 느꼈던 모국의 풍경들이었다. 건강 유지 비결로 누 죽 걸 산(누우면 죽고 걸으면 산다)이라는 말이 유행인 요즘, 매일 일만 보 걷기는 기본이었다. 합천 해인사 주차장에서 팔만대장경이 있는 곳까지 그 가파르고 먼 길을 한 분도 낙오되지 않고 다녀온 기록적인 결과를 잊을 수 없다.

  여행은 어디를 가느냐 못지않게 누구와 함께 가느냐 하는 것도 중요한데 강의를 함께 듣는 분들이어서 친목 도모도 되고 유대관계가 더 깊어지는 계기가 되었다. 날씨도 10월 15일부터 4박 5일 동안 어디를 가나 가을의 정취를 느낄 수 있는 최적기였다. 한국에서 살 때는 못 느꼈던 아기자기한 산등성이이며 차창 밖으로 벼 이삭이 노랗게 익어가는 들판과 집마다 감이 익어가는 시골 풍경은 오랫동안 그리웠던 고향에 돌아온 것 같은 정겨운 모습이었다. 가는 곳마다 한국 여행에서만 맛볼 수 있는 그 지방 고유의 음식들이 우리의 입맛을 사로잡았다. 잠자리야말로 그날의 피로를 풀 수 있는 곳인데 바다가 한눈에 보이거나 숲속의 호텔이어서 더할 나위 없이 쾌적했다.

    4박 5일의 여행 일정표를 작성한 날짜를 보니 2023년 1월 2일이다. 여행사 담당 이사가 차 안에서 우리에게 한 말이 생각난다. 이번 여행 일정이 성사되기까지 노영찬 교수의 요청 사항이 여행사와 오고 간 이메일만 해도 달나라를 갔다 올 만큼이었다는 말에 그 노고가 감히 짐작된다. 어디서 무엇을 보고 느꼈는가에 대한 것보다 한순간이라도 우리가 스쳐온 지방 이름들, 유서 깊은 장소들을 언급하는 것만으로도 오랜 세월 외지에 살고 있는 일행들에게는 각자의 고향을 다녀온 것처럼 푸근하고 정겨운 여행이었다. (한국일보/워싱턴, 2023.11.29)

울음터 하나

　쉽게 써지는 글이 있는가 하면 꼭 써보고 싶지만 안 써지는 글도 있다. 지금 쓰는 이 글이 어쩌면 내가 지금까지 써온 글 중에 가장 생각을 많이 하게 했고 그만큼 시간이 오래 걸린 내용일 것이다.
　언제부턴가 패어팩스 공원묘지(Fairfax Memorial Park)에 관심이 가기 시작했다. 집과 교회 중간에 있어서 그곳을 지날 때마다 가보고 싶었다. 망자들이 초원의 푸른 잔디에 묻혀 있고 묘지마다 이름과 생몰연대가 동판에 새겨져 있는 곳이다. 지난 봄날에 산책하듯 그곳을 거닐었던 때가 엊그제 같은데 벌써 가을이다.

　전에는 지인들 부모나 그 연배의 친척이 돌아가셨을 때 고별예배 장소로만 여겼다. 그러던 어느 날 친구가 고인이 되어 거기에 묻히는 허망함을 겪었다. 이젠 동년배의 부음을 하나둘 받는 나이가 되고 보니 조만간 나도 세상을 떠나겠구나 하는 생각이 든다.

최근에 선배 시인이 이사 갈 곳을 하나 사 놨다고 하길래 그 연세에 웬 이사냐고 했더니 그녀가 묻힐 땅을 사놨다는 것이다. 양지바른 쪽이니 그 옆에 내 자리도 하나 마련하란다. 농담처럼 죽어서도 가까이 지내자길래 나는 그냥 웃었다.

그 후 겨울이 몇 번 지난 후의 오월 어느 날 공원묘지에 가봤다. 열네 군데의 정원으로 잘 조성된 넓은 묘역과 하늘은 한없이 맑고 안온했다. 구역마다 '○○가든'이라는 팻말이 도로 표지판처럼 세워져 있어서 처음 방문하는 사람도 위치를 찾기 쉽게 해 놨다.

어디선가 까마귀 소리가 들리길래 무심코 그쪽으로 차를 천천히 몰았다. 새로 생긴 묘지에 세 사람이 고개를 숙인 채 묵념하고 있었다. 오늘 세상을 떠난 이는 저 사람들에게 누구였을까….

정자와 분수대가 요소마다 있어서 운치가 참 좋은 곳이다. 주변을 한 바퀴 둘러본 후 장례식에 필요한 준비물과 비용을 알아보기 위해 관리사무실에 들렀다. 관과 묘지와 동판 등을 포함해서 내 형편에 맞는 장례비는 두 달 월급 정도였다. 집을 살 때처럼 묘지구매 절차에 필요한 서류를 받아 들고 그곳을 나왔다. 이 서류를 받아 들기까지 내가 어디에 어떻게 묻힐 것인가에 대한 문제로 참 오랫동안 고민한 끝에 내린 결과다.

내 삶의 유효기간이 언제까지인지 모른 채 사무실을 나서는 기분이 의외로 새처럼 가벼웠다. 남은 생이 보너스처럼 여겨지는 순간이기도 했다. 죽음이 내 생의 가까운 미래임을 실감한 날이다. 뜻대로 할 수만 있다면 어느 따뜻한 봄날에 이사 가듯 그렇게 이승을 떠나고 싶다. 밖에는 차도 하나를 사이에 두고 왼쪽은 이승이고 오른쪽은 저승이다. 시월이 되니 나뭇잎들이 야위어 가면서 가벼워지고 있다. 때가 되면 낙엽이 되어 흙으로 돌아가리라. 인생처럼, 낙엽처럼 천하에 범사가 기한이 있음을 이 가을에 유난히 가슴으로 깨닫는다.

사후에는 재가 되어서라도 고국으로 돌아가고 싶었다. 서울 근교의 양평에 있는 부모님 묘소 주변에 수목장을 해주면 더할 나위 없이 좋겠다는 구체적인 바람도 있었다.

오래전에 친정어머니가 병원에 입원했을 때 나는 아무것도 몰랐다. 어머니가 형제들에게 당신이 입원한 사실을 나한테 절대로 알리지 말라고 병상에서 당부했다 한다.

"가가 타관에서 직장생활 해야제 살림살이 해야제 저도 얼매나 욕 보것냐. 당체 알리지 마라. 딸자식이 넘의 나라에 가서 사니 내가 맘대로 갈 수가 있냐, 지가 아무 때나 올 수가 있냐. 그렇게 죽은 자식 맹키로 가슴에 묻고 살아야제 어쩌것냐…" 고 하며 눈물 바람하셨다는 말을 나중에야 동생이 말해서 알았다.

이제 어머니도 먼저 떠나신 아버지 곁에 묻힌 지 3년이 지났다. 세월이 가니 내 마음도 바뀌어 사후에도 조국에는 돌아갈 수 없을 것 같다.

산 자와 죽은 자 사이의 거리가 무슨 상관이 있을까마는 아무래도 자식이 사는 미국 땅에 묻혀야 할 것 같다. 죽어서도 어미로 남고 싶은 까닭이다.

매사에 긍정적이고 씩씩한 딸도 살다 보면 피치 못할 어려움을 겪을 때가 있을 것이다. 어미가 사무치게 그리울 때도 있으리라. 그럴 때면 이곳에 와서 실컷 울거라…. 내 기꺼이 너의 울음터가 되어 주리니. 내 삶의 마침표가 너의 울음터 하나가 되어 남는 것으로 나는 족하리. (한국산문, 2022년 11월호)

패어팩스 공원묘지(Fairfax Memorial Park)
이곳에 내 삶의 마침표가 울음터 하나로 남겨지리라.

나의 문학 세계

습작기간

최선을 다해 살아도 채워지지 않는 어떤 허기가 느껴질 때마다 글을 쓰고 싶었다. 현실은 내가 추구했던 삶이 아닌 것만 같아 진정한 내가 되고 싶은 희망에 시달리곤 했다. 진짜 '나'라고 말할 수 있는 건 어떤 상태를 말하는 걸까. 내 전부를 던져서 건져 올릴 수 있는 그 무엇인가에 몰두해 있을 때라고 생각한다. 그 무엇이야말로 내게는 문학이다.

뒤늦게 문학 공부를 시작했다. 가슴에 고여 사무치는 것들을 어떻게든 밖으로 내보내야 살 것 같았다. 2001년 가을에 워싱턴문예창작원에 등록했다. 매주 토요일 오후 5시부터 9시 30분까지 1년 동안 참 열심히 문학 강의를 들었다. 시든 풀이 단비를 만난 듯 문학은 황폐해져 가는 나를 구해준 영혼의 종합비타

민이다. 지금도 그때 강의시간표를 간직하고 있다. 밤이 늦도록 시, 시조, 수필, 소설, 문예사조, 문학개론, 기호 문학, 주역, 작가와의 만남, 문장 작성법, 맞춤법/띄어쓰기 강의를 들으며 뒤늦게 문학의 여러 장르를 배우는 즐거움을 한껏 누렸다.

간절히 원했던 것을 맨 처음 시도해보는 것은 첫사랑처럼 풋풋하고 서툴러서 오히려 보석처럼 소중한 무엇이 있다. 첫 습작 기간을 통해 쓰고, 고치고, 다시 쓰기를 반복하는 가운데 내 분신 같은 작품들이 늘어갔다. 고달픈 중에도 무언가를 꿈꾸고 그 꿈을 이루기 위해 최선을 다해 노력하면 언젠가 기회는 반드시 온다는 걸 나는 믿는다. 2002년 11월 30일 문예창작원을 수료했다.

올해로 미국 생활 31년이 되어간다. 그 세월만큼 영어로만 말하고, 듣고, 서류를 작성하는 직장생활을 해왔다. 이 생활이 오래되어갈수록 설명되지 않는 외로움이 모국어에 대한 그리움으로 깊어 갔다. 아무리 외지에서 오래 살아도 내 생각이나 느낌은 오로지 한글이어야만 제대로 표현할 수 있을 것 같은 갈증이 글을 쓰고 싶게 했다. 한글만큼 아기자기하게 감성적인 표현을 잘 할 수 있는 글이 지상에 또 있을까.

습작을 계속하던 중 2003년에 『한국수필』을 통해서 등단했다. 조경희 발행인이 생존해 계실 때였고, 새벽 2시에 그분의 전화를 받고 감격했던 때가 엊그제 같다. 한 번도 만나본 적 없는, 타국에 사는 문단 초년생에게 원고지에 친필로 격려의 글까지 보내주신 세심한 배려를 잊을 수 없다. 그분의 격려가 심지가 되어 글쓰기를 계속할 수 있었던 것 같다.

등단과 작품 활동

등단하고 나니 내 양쪽 어깨에 날개가 돋아나 파닥이는 것 같기도 하고 하면 될 것 같은 용기가 생겼다. 글은 홀로 쓰되 문학이라는 공통된 화제로 의견을 나눌 수 있는 사람들을 만나고 싶었다. 마침 이곳 워싱턴지역에 1990년에 창립된 '워싱턴문인회'가 있어서 회원으로 가입했다. 등단한 문인들에게만 회원 자격이 주어지는 내공이 탄탄한 단체다. 신입회원인 내게는 모두가 선배들이고 무엇이든 가르침을 줄 수 있는 분들이어서 매월 '글사랑방 모임'에 열심히 참석했다. 이렇게 나의 문학 세계의 지평을 넓혀가면서 정기적으로 쓴 글을 모임에서 발표하고 조언을 듣는 횟수가 늘어가니 글의 완성도가 점차 나아져서 남모르는 기쁨을 누리게 되었다.

퇴고를 마친 글은 워싱턴지역 『한국일보』에 틈틈이 발표하기도 했고 매년 발간하는 워싱턴문인회원들의 종합문학지인

『워싱턴문학』에 싣기도 하니 작품이 늘어갔다. 어느 시기에 이르니 문학이 뭐길래 이토록 밤잠을 줄여가며 매달리는가. 내가 쓰는 글이 과연 독자들에게 어떤 영향을 미치기나 하는 걸까. 이런저런 회의의 순간이 엄습해오기도 한다. 무슨 일을 하든 내가 글쓰기에 공을 들이는 만큼 열정을 기울이면 그 결과에 대한 보상이나 만족도를 누릴 수도 있을 텐데… 하는 현실적인 생각이 들 때도 있다.

그런데도 내가 글을 쓰는 이유는 사람은 밥으로만 살 수 없는 까닭이다. 가난해도 내 영혼이 붙들리고 싶은 정신적인 가치에 비중을 두고 살고 싶다. 독자가 어떤 식으로든 공감하고 고개를 끄덕여주는 글을 쓸 수 있으면 좋겠다. 세상사에 부대끼고 지친 어느 한 독자에게라도 등을 다독여주듯 따뜻한 위로가 되어줄 수 있으면 얼마나 좋을까.

작가와의 만남

젊은이들이 좋아하는 가수나 배우에게 열광하는 것을 이해하지 못했던 나도 유명작가들의 강의를 듣기 위해 열심이었던 시기가 있었다. 20대였을 때 『생의 한가운데』를 읽고 저자인 루이제 린저에게 한동안 심취했다. 그 당시 이어령 교수의 초청으로 독일에서 그녀가 한국에 왔다. 나는 꿈에도 그리던 연인을 만나러 가듯 그녀의 강연을 들으러 이대 강당으로 달려갔다. 대강당을 가득 메웠던 문학 지망생들의 그 뜨거운 열기를 지금도 잊을 수 없다.

또 한 분, 양주동 박사의 명강의를 듣던 중 그분의 틀니가 빠졌을 때였다. 민망해야 할 그분은 아무렇지도 않은 듯 틀니를 다시 끼고 해학 넘치는 강의를 계속하셨던 기억이 새롭다.

80년대를 전후해서 명동의 YWCA에서는 매주 수요일 저녁에 문학 강좌가 있었다. 젊은 시절의 최인호 소설가, 이어령 교수, 오세영 시인 등과의 만남이 기다려졌던 수요일이었다.

중앙일보 문화센터에서 1년 정도 서정범 교수의 수필 작법에 관한 그룹 지도를 받았다. 한국을 떠나기 직전인 1989년 여름에 『한국수필』 주최로 제주도에서 수필에 관한 세미나가 있어서 참석했다. 윤재천 『현대수필』 발행인과 오창익 교수 등 다른 문학 관련 교수들의 강연은 제주도행 항공권값을 충분히 보상받은 뜻깊은 행사였다.

그해 가을에 한국을 떠났다. 2003년 12월에 『한국수필』을 통해 수필로 등단했고, 같은 시기에 『순수문학』을 통해 시로 등단했다. 그 후 여러 유명작가들의 강의를 듣기도 하고 함께 식사도 하면서 만나볼 기회가 많았다. 이곳 주미대사관 문화원의 후원이나 여러 문학 초청 강연을 통해 신경림 시인을 비롯한 도

종환, 유성호, 김훈, 안도현, 정호승, 임헌영 교수, 박이도 교수, 이문열, 고 은, 문정희, 이재무, 신경숙, 김기택, 김지하, 김용택 시인 등 한국 문단의 유명작가들과 만남을 통해 나와 문학 세계의 지평을 꾸준히 확장해왔다.

수필집 발간

주변에서 아는 이들이 이젠 책을 한 권 낼 때가 되지 않았느냐고 했다. 내 생각에도 그동안 써온 글들을 책으로 엮어 이름을 지어줘야 할 시기가 된 것 같았다. 늘 생각했으나 추구했던 만큼 글은 많이 쓰지 못했다. 써놓은 글도 성에 차지 않아 책을 낼 생각을 못 했다. 그런데 내 글 수준이 그 정도인 것을 내 눈높이가 인정하지 않는 것도 오만이라는 생각이 들기 시작했다. 그때부터 막연히 생각해보기 시작했다.

책을 출간하게 된다면 제목을 뭐라고 할까?『워싱턴 민들레』라고 하면 어떨까? 해마다 봄이면 집집마다 푸른 잔디에 노랗게 피자마자 잡초로 뽑히는 민들레꽃들을 볼 때마다 남의 땅에서 살아가는 우리 이민자들 같은 생각이 들곤 했다. 뽑힘을 당할지언정 남의 집 뜰에서도 당당하게 꽃을 피우는 그 민들레의 호적등본을 떼어보면 어쩐지 나와 같은 이민계열의 족보를 지녔을 것 같아서『워싱턴 민들레』를 책 제목으로 정했다. 이렇게 해서 2018년에 나의 첫 수필집을 내게 되었고 이 글은 그 수필집에 쓴 일부 내용이다. (문학세계, 2019년)